신앙 명문가의 자녀교육

신앙 명문가의 자녀교육

신앙 명문가의 자녀교육

김재헌 지음

비전북

신앙 가문을 통해 믿음의 축복을 받다

필자는 믿음 1세대다. 때문에 믿음의 가문을 이루고 싶은 마음이 누구보다 강했다. 30년 전 하나님이 처음 필자를 부르실 때였다. 말씀을 통해 많은 은혜를 받았지만 그때 가장 기뻐했던 말씀이 창세기 12장의 하나님이 아브람을 부르신 언약의 말씀이었다.

너는 복의 근원이 될지라(창세기 12:2)

복의 근원이라는 말의 히브리어 원어는 '헤예 베라카(היה ברכה)'인데, 이는 복의 진원(震源)이 되리라는 약속이었다. 이 약속을 받은 아브람 역시 믿음 1세대였다. 그렇기 때문에 이 약속은 그에게 엄청난 의미로 다가왔다. 하나님이 아브람에게 가장 적절한 약속을 제시한 것이다. 그가 살던 메소포타미아의 우르엔 쟁쟁한 가문들이 많았다. 왕족과 귀족, 족장들과 유력자들에 비하면 아브람은 자식도 없었고, 늙은 그보다 더 나이 많은 아버지를 모시고 사는 초라한 노인네였다. 그런 아브람에게 하나님은 엄청난 약속을 하신 것이다.

어찌 보면 황당하기까지 한 약속이자 도저히 실현 불가능한 것일 수도 있었다. 하지만 아브람은 그 약속에 반응을 했다. 필자 역시 이 말씀을 듣고 믿음으로 반응하여 30년간 하나님을 따라왔다. 그리고 그 어떤 일보다 믿음의 가문에 대한 하나님의 약속을 확인하는 일에 최선을 다했다. 돌이켜 보면 모두 하나님의 은혜였지만 c믿음의 가문을 만들기 위한 수고와 노력의 시간이었다.

메리 디머드(Mary E. Demuth)는 『믿음을 낳는 가정』이란 책에서 "신앙 1세대로서 자녀를 키우는 일은 미지의 세계를 향해 첫 항해를 떠나는 것과 같다"고 했다. 왜냐하면 "매일 새로운 일에 도전하는 정신으로 살아야" 하기 때문이다. 그가 밝혔듯이 믿음의 1세대나 2세대가 축복받는 믿음의 가문을 일으키는 일은 결코 쉬운 일이 아니지만 흥분 가득한 길임을 보여준다.

부부가 되기 전 사랑으로 만나 결혼하고 자녀를 낳아 기르는 일이 처음엔 놀라움으로, 그리고는 두려움과 혼란스러움을 거쳐 이제 초조함을 겪게 되고, 결국엔 자포자기로 끝나고 마는 상황이 주변에서 다반사로 일어난다. 그리스도인 가정에서도 그러한 모습들이 일어나는 것을 수십 년 동안 지켜보면서 믿음의 가계를 만든다는 것은 어떤 의미가 있는지, 또한 어떤 방법이 있는지 알려주어야겠다는 생각을 갖게 되었다.

필자는 그동안 세 자녀를 사랑하는 아내와 함께 키워왔다. 사범대를 나와서 필자가 운영하고 있는 대안학교의 교사로 일하는 첫째 딸이 이제 시집을 가게 될 것이고, 딸도 곧 자녀를 낳을 것이다. 둘째 딸은 백의의 천사로, 또 말씀사역자로 대학병원에서 섬기고 있다. 막내인 아들은 의료선교사를 꿈꾸며 대학에서 학의학을 공부하고 있다.

지금까지 필자는 자녀들을 성경적인 방법으로, 믿음의 방법으로 키워왔다. 그 가운데 얻은 경험을 통해 자녀 양육에 대한 두 권의 책을 쓸 수 있었고, 청소년과 어린이들을 위한 30여 권의 책을 썼다. 그리고 대안학교와 학습캠프를 진행하면서 수천 명의 아이들을 키워왔다. 이러한 일련의 일들을 통해 깨달은 한 가지는 콩 심은 데 콩 나고 팥 심은 데 팥 난다는 것이다. 씨앗이 좋아야 열매도 좋고, 좋은 열매가 좋은 씨앗을 만든다는 것은 하나님이 만드신 자연 법칙이요, 또한 영적 법칙인 것이다.

하나님의 축복은 자녀들을 통하여 확증되고, 순종하는 자에게 나타난다. 이것이 성경의 법칙이다. 그런데 내가 순종했느냐 아니냐는 자녀들이 증명해 준다. 다시 말해 내가 믿음으로 살았다면 반드시 자녀들이 그 믿음 이상의 믿음으로 자랄 것이다. 반대로 내가 믿음이 부족하고 순종하지 못했다면 자녀들은 훨씬 믿음이 떨어진 낙오자가 되고 마는 것이다.

필자는 이러한 사실을 성경을 통해 밝히고 또한 실증적인 자료들을 통하여 밝힐 뿐만 아니라 믿음의 가문들을 통해 확증하고자 한다. 부디 이 땅에서 믿음의 축복을 신앙 가문을 통해 받기 원한다면 믿음과 순종으로 살기를 바란다. 그래야 사람들이 내가 받는 축복을 보고 주께 돌아와 영광을 돌릴 것이기 때문이다.

2012년 4월

바나바영성원에서

차례

1

믿음의 가문은 씨앗이 결정한다

국가의 운명은 권력을 잡은 손에 달려 있는 것이 아니라 엄마의 손에 달려 있다.
그러므로 우리는 인류의 교육자인 엄마를 계발하는 데 노력해야 한다.
그러나 엄마가 되는 데에는 굉장한 어려움이 따른다는 것을 잊어서는 안 된다.
이 어려움을 극복하겠다는 각오가 없으면 차라리 엄마가 되지 않는 편이 좋다.

칼 비테

믿음의 가계, 기업(땅)을 받는 신앙 명문가로 키우려면 무엇보다 부모가 첫 믿음의 씨앗이 되어야 한다. 첫 믿음의 씨앗은 한 알의 썩는 밀알이 되어야 한다는 의미다. 부모가 첫 밀알로 죽지 않으면 많은 좋은 열매를 맺을 수 없다.

세상에 존재하는 두 씨앗

하나님의 아들과 사람의 딸들

전도지를 열심히 돌리고 온 어느 날 한 통의 전화를 받았다. 낭랑한 30대의 주부의 목소리였다.

"혹시 나눔교회 목사님이신가요?"

"네, 그렇습니다만….''

"안녕하세요? 저는 가끔 교회를 다니는데요. 성경을 혼자 읽다가 모르는 게 있어서 궁금하던 차에 전도지에 적힌 전화번호를 보고 전화드립니다.''

"아! 네. 무엇이 궁금한지 말씀해 보세요."

"다름이 아니라 성경을 읽다 보니 하나님의 아들들이 사람의 딸들을 취했다는 말씀이 있던데, 이 말은 천사와 사람이 사랑을 했다는 이야기인가요?"

“네, 그것이 궁금하셨군요? 하나님의 아들들이란 아담이 세 번째 낳은 아들인 셋의 가문을 말하고, 사람의 딸들이란 여성의 아름다움을 상품화하는 문화를 가진 가인의 가문을 말하는 것입니다. 즉 오늘날로 말하면 영성의 가문과 육체로 이어지는 가문을 말하는 것이지요.”

“그러면 취했다는 것은 무슨 뜻일까요?”

“셋의 가문은 주로 목축과 농경을 지향하는 순수한 문화였습니다. 반면에 가인의 문화는 성을 쌓고 문명을 개발하는 3차 산업 중심의 문화였습니다. 자연히 잉여물이 생기고 문화도 점점 더 접대 문화를 비롯한 음란한 문화로 발달하게 됩니다. 그 결과, 셋의 영성의 문화도 점점 세속 문화로 인해 물들게 됩니다. 하나님이 보시기에 그대로 두면 세상에서 거룩한 하나님의 가문이 사라질 것 같으니 결국 노아의 가문만 남기고 홍수로 심판하신 것이지요.”

“그렇군요. 전 하나님의 아들들이라고 하길래 천사들이 사람하고 결혼을 했나 보다라고 생각을 했거든요.”

영성과 무영성의 가문

그 주부와 짧게 대화를 나눴지만 이 세상의 문화는 결국 크게 보면 영성의 문화와 무영성의 문화로 갈리는 것을 볼 수 있다. 가인은 에덴 동편 놋 땅에 거하면서 아내와 동침하여 에녹을 낳는다. 그리고 아들의 이름을 따라 에녹이란 성을 짓고 거기에서 가계를 이룬다. 가인의 후손 라멕은 두 아내를 취하여 번성했는데, 그들의 후손은 세속적인 문화와 문명을 이루게 된다. 그리고 아담은 아내와 다시 동침하여 셋을 낳고 믿음의 가계를 만들게 된다.

아놀드 토인비는 역사가 끊임없이 영성과 비영성이라는 두 문화의 충돌로 이어진다고 말했다. 지금도 한 집안에서 이 두 문화가 계속 나뉘면서 가계도 나뉘게 된다. 믿음의 가문을 이룬다는 것은 우리가 그리스도께 속한 십자가의 영성 문화로 들어가는 것을 의미한다.

창세기의 주제는 크게 두 가지다. 하나는 하나님 자녀의 씨앗과 마귀 자녀의 씨앗이 세상에 같이 섞여 있다는 것이고, 둘째는 땅에 대한 약속인데, 사람이 에덴이라는 낙원에서 쫓겨났다는 것이다. 그래서 성경의 약속은 크게 두 가지로 볼 수 있다. 하나는 그리스도로 말미암아 우리가 하나님 자녀의 씨앗으로 바뀐다는 것이요, 둘째는 예수 그리스도로 인해 낙원을 회복한다는 것이다.

하나님 자녀의 씨앗은 영성 문화를 만들어냈다. 반면 마귀의 자녀는 무영성 문화를 만들었다. 영성이 없다는 것은 곧 육신의 쾌락과 마음의 쾌락을 추구하는 것이 행복이라고 믿는 문화를 말한다.

어쩌면 이 글을 읽는 독자들도 그리스도를 믿지 않는 가정에서 자랐을지 모른다. 또는 은혜와 사랑이 부족한데 겉으로만 종교적인 집안에서 성장했을지도 모른다. 만약 그렇다면 당신 안에 역기능이 존재할 가능성이 있다. 그 역기능은 알게 모르게 자녀들에게 대물림되며, 저주 받은 가계는 역기능들이 학습을 통해 대물림 되는 가계인 것이다.

말씀이 곧 씨앗이다

이 역기능의 대물림을 끊기 위해 여러분이 해야 할 첫 번째 일은 그리스도를 구세주로 영접하는 것이다. 구세주로 영접한다는 것은 그리스도를 주로 인정하는 것이다. 구세주는 구원자를 말하는데, 우리를 죽음이나 위기에서 구한 분임을 뜻한다. 하지만 그분은 구세주로 우리에게 오신 것이 아니라 주가 되시기 위해서 오셨다. 예수님이 주님이 되면 나는 종이 되고 그분의 신하가 되는 것이다. 즉 주님은 내가 존경하고 따라야 할 분이 되는 것이며, 만왕의 왕이신 주님을 겸손하게 따르면서 동행할 때 우리는 주님의 성품과 형상을 닮아가게 된다. 내가 주님을 닮아갈 때 우리 자녀들도 주님의 형상을 닮아가는 것이다.

창세기는 세상의 모든 것이 언제 어떻게 시작되었는지 가르쳐 주는 책이다. 세상의 시작, 우주와 하늘과 땅과 만물의 시작, 식물과 동물과 같은 생물계의 시작, 그리고 인간과 가정의 시작이 그것이다. 그리고 우리가 절대로 잊어서는 안 될 죄의 시작과 살인의 시작도 알려주고 있다. 특히 가정 문제의 시작도 창세기에 나와 있다. 그래서 우리는 창세기를 통해 가정과 자녀양육의 원리를 깨달을 수 있다.

하나님은 사랑과 은혜로 세상을 창조했지만 인간은 불신과 증오로 땅을 더럽혔다. 에덴동산에서는 축복된 가정의 시작도 보여주지만 그 믿음의 가정 안에서 형제를 살해하는 끔찍한 일도 시작되었음을 보여주고 있다. 가정은 축복의 근원이 되기도 하지만 재앙의 근원이 되기도 한다. 칼의 양날과 같은 것이 가정이다.

얼마 전 미국 뉴욕에서 자녀교육 세미나를 인도하던 황경애 사모를 만났다. 그분은 다른 것은 몰라도 자식들은 성공시켜야 한다는 생각으로 오로지 주님만 붙잡고 기도했다. 그럴 수밖에 없었던 것이 20여 년 전 사모님은 남편 목사님과 함께 미국 이민 교회를 개척하다 슬픈 일을 당했기 때문이다. 그때까지만 해도 교회가 조금씩 부흥하면서 교회 건축을 위해 돈을 모아가던 중이었다고 한다. 그런데 우연찮게 아프리카에서 목회한다는 한 흑인 목사를 만났다. 자기 고향 아프리카의 광산에 투자하면 수백 배를 벌 수 있다는 말에 현혹되어 건축 자금을 몽땅 투자했다. 결국은 모든 것이 사기라는 것을 알았지만 이미 사기를 당한 뒤였다. 그 일로 목사님은 집을 떠나 기도원으로 들어갔고, 사모님 혼자 세 아이를 길러야 할 운명에 놓이게 되었다. 미국 땅에서 이민자가 남편 없이 세 아이를 키우는 게 얼마나 힘들었을까? 어느 날 너무 힘들어 하나님께 울부짖었다.

'하나님, 제가 얼마나 더 울어야 합니까?'

수없이 울며 기도하던 사모님은 울먹이며 이렇게 간증했다.

■ 자녀양육에 대해 강의하는 황경에 사모

미국 땅에서 버틸 수 있었던 유일한 끈은 오직 하나님의 말씀이요, 기도뿐이었어요. 하나님의 말씀의 능력과 기도의 능력만을 믿고 주님만을 바라보며 세 자녀를 키우는 것 밖에는 할 일이 없었습니다.

그렇게 말하는 사모님의 두 눈엔 눈물이 가득했다. 그로부터 20년이 흐른 지금, 하나님의 은혜로 큰 아이는 미국 10대 로펌에 들어갔다고 한다. 또 둘째 아들은 곧 외무관이 될 것이고, 막내딸은 하버드 대학교에서 4년 전액장학금을 받으면서 공부중인데 빌게이츠재단으로부터 100만 달러를 10년 동안 받기로 했단다. 이 돈은 박사 과정을 마칠 때까지 공부할 수 있도록 준비해 준 것이라고 한다. 고아와 과부 같은 처지에서 하나님의 도우심으로 기적이 일어난 것이다. 하나님은 이렇게 지금도 어머니의 믿음의 기도를 들으신다.

황경애 사모를 통해 우리가 적용해야 할 것은 자녀들에게 지식보다 더 중요한 것은 자신이 하나님의 자녀라는 믿음과 확신이다. 그것은 우리가 하나님 자녀의 씨앗임을 깨닫는 것이다. 그것이 깨달아졌을 때 자녀의 특권, 즉 누림이 있는 것이다. 그리고 그 누림의 연장선에서 땅을 기업으로 받는 축복이 있다. 가문과 기업이 그래서 상호 연결되는 것이다.

부모는 첫 씨앗이다

어머니가 중요하다

하나님은 이 세상의 아기들을 위해 어머니를 주셨다. 여러분이 여자가 된다는 것이 얼마나 중요한가? 여자만이 가진 특권을 깨닫게 되는 것은 얼마나 다행한 일인가? 여성만이 아이를 낳을 수 있지 않은가? 작은 영원의 생명체가 이 세상에 태어나 모성이 싹틀 때의 기쁨을 생각해 보라.

오로지 여성만이 아내가 될 수 있다. 자신들의 세대와는 다른 의미를 지닌 신성한 아이들을 양육하고 주님을 위해 헌신하는 일에 한 남자와 함께한다는 것은 얼마나 보람된 일인가? 오로지 여성만이 할머니가 될 수 있으며, 거듭해서 아이들에게 감화를 주고 본보기를 보여주는 기회를 누릴 수 있다.

우리를 이 세상에 두신 것은 하나님의 계획이었다. 즉 어머니의 자궁 안에서, 여성이라는 직물을 믿어지지 않을 정도로 경이롭게 짜내서 만들어 낸 하나님의 설계이다. 그래서 우리는 경건하고 신비롭게 창조된 존재다. 자신이 만든 것을 놓고 보시기에 좋았더라고 표명한 조물주 자신이 창안한 색깔과 매력과 특성으로 수놓아진 모직물과 같은 존재인 것이다!

어머니가 어떻게 결심하고 마음을 가지느냐에 따라 세상은 달라진다. 사무엘은 어머니의 서원기도를 따라 하나님께 바쳐진 사람이었다. 그는 평생 신앙을 저버리지 않고 끝까지 사명을 잘 감당했으며, 하나님의 뜻을 잘 받들기 위해 일생을 몸부림치며 살았다. 하지만 사무엘이 태어나기 전에 먼저 하나님은 한나를 그런 어머니가 되도록 섭리하셨다. 오늘날에도 하나님은 세상을 움직일 위대한 리더를 보내시기 전에 먼저 믿음의 어머니를 보내신다. 어머니는 하나님 자녀의 씨앗을 만들어 내는 모판과 같다.

어머니의 밀알 무덤

레너드 스위트의 『영혼의 카페에서 커피 한 잔』에 나오는 글이다.

뉴욕 주 북부 벽촌에 있는 묘지에는 소박하고 엄숙한 부모님 묘비가 자리 잡고 있다. 하지만 나와 형제들이 부모님에 대한 우리의 사랑을 담아두고 싶었던 진정한 묘비는 우리 집안에 있었다. 어머니의 묘비는 거실에서 자랑스럽게 특별한 자리를 차지하고 있는 잘 장식된 피아노다. 왜 피아노가 묘비일까? 어머니께서는 수산나 웨슬리(감리교의 창설자 웨슬리 형제의 어머니)의 육아 입문서의 원칙대로 철저히 준수했다. 우리는 하루에 아침과 저녁 두 번 가족 기도를 드렸다. 무릎을 꿇고 드린 기도가 끝나면 어머니는 나, 필, 존을 위층으로 데리고 간 후 침대에 뉘이며 잘 자라는 입맞춤을 해 주셨다. 그리고 아래층으로 돌아가 곧바로 낡은 피아노 앞에 앉으셨다. 잠 자리에서 우리가 하는 일이라곤 어머니께서 피아노를 연주하는 동안 다음 엔 어떤 노래를 연주해 달라고 아래층에 대고 소리를 지르는 것이었다. 그 러면 어머니께서는 찬송가를 부르시면서 우리를 꿈나라로 이끌어주셨다. 피아노는 내부 수리와 끊임없는 조율 작업을 필요로 하지만, 매번 연주할 때마다 어머니께서 지금의 나를 있도록 만들어주신 하나님의 도구였다는 생각을 떠올리게 된다.

사실 자녀들이란 훌륭한 사람이 되라고 열심히 훈육하면 관계가 벌 어지게 되고, 그렇다고 해달라는 것 다 해 주면서 키우면 '아빠, 엄마 때문에 제가 이렇게 됐어요' 하는 게 자식이다.

어머니와의 소울 데이트

레너드 스위트는 도대체 어떤 양육을 받았단 말인가? 자녀를 훌륭 하게 키우고 존경과 사랑을 받는 부모도 분명히 있다는 것을 보여주는 대표적인 예가 감리교의 창시자 존 웨슬리의 어머니인 수산나 웨슬리 다. 그의 생애를 연구한 전문가들은 수산나의 자녀교육법은 시대를 불 문하고 적용할 수 있을 만큼 모범적이라고 말한다. 바로 '하나님을 기 쁘시게' 하는 데 초점을 둔 교육법이기 때문이다. 그것을 정리하면 다음과 같다.

하나님께 무릎 꿇리기

수산나에게 어떤 이가 "열 명이나 되는 자녀를 모두 하나님께 순종하는 훌륭한 기독교인으로 키운 비결이 무엇입니까?"라고 물었다. 그녀는 "아이들이 다섯 살이 되기 전에 기를 완전히 꺾어 하나님 앞에 순종하도록 한 것입니다"라고 답했다.

이 대답은 요즘 어머니들에게 조금은 거부감이 들 수도 있는 말이다. 게다가 수산나가 "한 살이 되기 전에 회초리(채찍)의 두려움을 알게 해야 한다"고 했다는 것을 알면 기겁할 부모도 있을 것이다. 사실 수산나는 엄격한 규칙 아래 자녀들을 키웠다. 아이들은 오전 6시에 기상해 7시에 기도회를 갖고 하루 세 끼 일정한 양을 먹었으며, 간식은 일절 먹지도 못했다. 하루 6시간을 공부하고 오후 6시에는 다시 기도

■ 수산나 웨슬리가 부엌에서 가정예배를 인도하는 모습. 애초 자녀들을 위해 시작했지만 은혜롭고 섬세한 성경 해설로 유명해져서 참석자가 200~300명에 이르기도 했다.

회에 참석하며 저녁식사 후 8시 정각에 잠들어야 했다. 아픈 경우를 제외하고는 한 치의 오차도 없었으며, 떼쓰는 것은 허용되지 않았다.

이런 원칙은 수산나를 비이성적이고 잔인한 어머니로 비치게도 한다. 그러나 이는 수산나 자신부터가 엄격한 청교도 가정에서 자라 철저하게 원칙대로 살았고, '영혼의 구원과 행복'이라는 흔들리지 않는 목적이 있었기 때문에 가능했다. 때문에 아이들도 벌 받을 일이 거의 없을 만큼 원칙을 잘 따랐다. 훗날 한 손자는 "할머니의 교육법 아래에서는 매를 맞는 일이 전혀 없다"고 술회하기도 했다.

끝없는 관심과 사랑

수산나의 자녀들은 엄격했던 성장 과정에 대해 훗날 다소나마 불만스러워 했을지도 모른다. 물론 실제로는 전혀 그렇지 않았다. 존을 비롯한 자녀들은 자신의 자녀들을 키울 때에도 어머니의 원칙을 기꺼이 적용했다. 어머니가 노년을 맞았을 때 모든 자녀들이 한마음이 되어 사랑과 존경으로 보살폈다는 것도 교육법이 성공적이었다는 증거이다. 그 이유는 수산나가 엄격함 가운데에서도 사랑으로 아이들을 키웠기 때문이다.

이스라엘의 어느 스승이 상인으

■ 수산나 웨슬리의 초상. 그녀의 자녀교육법은 하나님 중심의 자녀교육이었다.

로부터 당나귀 한 마리를 샀다. 제자들이 그 당나귀를 시냇가로 끌고
가서 목욕을 시키던 중 당나귀 목에서 다이아몬드가 발견되었다. 제자
들은 자기 스승에게 뛰어가 다이아몬드를 보여주면서 이렇게 말했다.

"이제 횡재하셨으니 선생님의 가난은 끝났습니다."

그러나 스승은 준엄하게 말했다.

"당장 상인에게 돌려주거라. 나는 당나귀만 샀을 뿐이다."

결국 제자들은 그 다이아몬드를 돌려주었고, 스승을 더욱 더 존경했
다고 한다. 이 이야기를 통해 알 수 있듯이 제자들을 가르치는 사람은
양을 치듯 사랑하는 마음을 갖게 된다. 수산나도 그러한 삶을 살았다.
그렇기에 그의 삶엔 아름다운 주님의 영광이 드러나는 것이다.

아버지가 중요하다

하나님의 구원은 먼저 개인으로부터 시작된다. 하지만 개인이 변하
면 가문이 변하고, 지역사회가 변하고, 급기야 국가가 변한다. 그래서
아버지가 중요하다. 수산나의 교육은 아버지의 역할을 극대화하는 것
으로 나타났다. 아버지의 권위를 세우고 어머니 역시 아버지에게 겸손
한 모습을 보여주었다. 그럴 때 자녀들도 아버지의 권위를 존중하게
되는데, 그래서 어머니의 역할이 가장 중요하다. 실제 수산나의 자녀
교육의 세부 규칙 가운데 아버지의 역할을 보면 자녀들에 대한 애정이
잘 드러난다.

만일 아이가 부모를 기쁘게 하려는 마음으로 순종했을 때에는 혹시 그 결

동등하게 사랑하라

연년생이나 두세 살 터울의 경우 자녀들이 서로에게 많이 질투한다. 자녀들은 스스로 자신에게 오는 사랑의 정도를 측정한다. 그래서 자기에게 오는 사랑의 몫이 적을 때에는 일찍 경쟁심을 배우게 되는 것이다. 그러므로 부모는 편벽됨이 없이 항상 기쁘게, 그리고 동등하게 사랑함을 보여주어야 한다.

수산나는 남편의 목회를 돕고 살림과 자녀양육을 도맡아 하는 바쁜 와중에도 반드시 시간을 내어 하루 한두 명의 자녀와 1대 1로 만났다. 대화와 고백, 신앙 상담, 기도 등을 위한 '단 둘만의 데이트 시간'이었다. 철저한 신뢰와 원칙에 입각한 이러한 교육은 웨슬리 형제들을 세계적인 리더로 자라게 하는 원동력이 되었다.

수산나의 이야기를 정리하면 다음과 같다.

믿음의 가계, 기업(땅)을 받는 신앙 명문가로 키우려면 무엇보다 부모가 첫 믿음의 씨앗이 되어야 한다. 첫 믿음의 씨앗은 한 알의 썩는 밀알이 되어야 한다는 의미다. 부모가 첫 밀알로 죽지 않으

■ 수산나 웨슬리가 키워낸 감리교의 위대한 신앙 인물 존 웨슬리

면 많은 좋은 열매를 맺을 수 없다. 씨 뿌리는 비유(마태복음 13장)에서 보듯 좋은 씨앗이 뿌려지면 100배, 50배, 30배로 결실하여 씨가 퍼지듯 가문이 번성하면서 기업이 확장되는 것이다.

14 신앙 명문가의 자녀교육 노하우 이

감리교의 창시자 존 웨슬리의 가문

노하우 1 자녀들이 다섯 살이 되기 전에 하나님께 순종할 수 있도록 순종의 품성을 가르쳐라.

노하우 2 자녀교육에 대한 부모의 원칙을 정하고 원칙에 부모와 자녀가 함께 따르도록 약속하고 실천하라.

노하우 3 가정에서 아버지의 권위를 최우선으로 두라.

노하우 4 모든 자녀들을 동등하게 사랑하되, 자녀들과 1 대 1의 데이트 시간을 가져라.

씨앗이 바뀌면 기업도 바뀐다

들포도 씨가 참포도 씨로

우리나라는 짧은 시간에 하나님의 거국적인 구원의 역사를 경험한 나라다. 우리나라 민중 교회의 원조를 승동교회라고 이야기한다. 승동교회는 1893년에 선교사 무어(Samuel F. Moore)가 세운 곤당골 예배당으로 지금의 소공동 롯데호텔 뒤편에서 시작되었다. 다른 선교사들이 주로 교육과 의료 선교에 힘을 썼다면 무어 선교사는 백정과 천민들을 대상으로 복음을 전했다. 1911년 백정 박성춘은 승동교회의 초대 장로로 장립

■ 한국의 백정들을 해방시켰으며, 현 승동교회의 1대 담임목사인 사무엘 무어

되었는데, 이 때문에 문제도 많았다. 그렇게 되니까 먼저 와서 예배를 드리고 있던 양반들에게서 불만이 터져 나오기 시작했다. 그럼에도 불구하고 무어 목사는 늘 이런 말을 했다.

"복음 앞에서 모든 사람은 누구나 평등합니다."

때때로 양반과 백정이 싸울 때마다 무어 목사는 "예수 사랑하심은 거룩하신 말일세"라고 찬송을 부르면서 그들의 싸움을 말리곤 했다. 결국 무어 목사의 백정 전도에 불만을 표하던 몇몇 양반들은 결국 교회에서 나가기도 했다.

"양반과 천출이 다르고 천출과 백정의 신분이 다르거늘 아무리 개화된 천지라고 해도 어떻게 우리가 백정과 한 자리에 앉아 같이 예배를 드리겠는가?"

"이 집사님, 그러시면 안 됩니다. 우리 하나님께서는 예수님 안에서

■ 현 승동교회의 옛 예배당인 곤당골 예배당

모두 한 형제라고 말씀하셨습니다. 그러니 다들 마음을 넓게 가지시고 사랑으로 하나 됩시다."

무어 선교사의 간절한 부탁에도 불구하고 승동교회의 양반 계층들은 모두 홍문섯골교회를 세워 나갔다. 홍문섯골교회가 있던 당시의 명례동은 지금의 명동 지역으로 중인(中人)들이 많이 살아서 계속 예배 인원이 늘어갔으나 불행하게도 화재가 나서 교회가 불타버리고 말았다. 하지만 그들만의 모임으로는 교회가 제대로 유지될 수 없었다. 그래서 1899년 가을에 다시 합치게 되었다. 이처럼 우리나라의 초기 교회에는 사회에서 천대를 받던 백정, 기생, 광대 등 소위 천역들이 많았다. 그 가운데 특히 승동교회는 백정들이 많았던 관계로 백정해방운동을 선도하기도 했다.

이 백정해방운동의 중심에 선 인물이 바로 박성춘 장로였다. 자신은 비록 천한 무식쟁이였지만 자식들만은 공부를 시키겠다는 일념으로 아들을 곤당골 예수교 학당에 입학시켰고, 결국 자신도 기독교인이 되었다. 아버지 한 사람의 변화가 가문을 신앙 명문가로 만든 것이다.

■ 우리나라 최초의 의료선교사인 존 헤론의 뒤를 이어 온 애비슨 선교사의 묘비

씨앗의 핵심, 복음

박성춘이 신앙을 갖게 된 사건

이 있었다. 박성춘의 아들 봉출이가 길거리에서 울고 있는 것을 본 무어 선교사 때문이었다. 무어 선교사는 봉출의 모습을 보고 측은히 여겨 왜 우느냐고 물었다. 그랬더니 대답하기를, 자기 아버지가 열병에 걸려서 다 죽어간다는 것이었다. 무어 선교사는 얼른 당시 제중원 의사였던 애비슨 박사(O. R. Avison)에게 연락했다. 애비슨 박사는 고종 황제의 시의였다. 무어 목사와 애비슨 박사는 봉출이의 집으로 달려갔다.

무어 목사는 박성춘을 위해 간절히 하나님께 기도를 했고, 또 애비슨 박사는 주사를 놓고 약을 지어주면서 극적으로 병이 낫게 되었다. 그러니 박성춘이 얼마나 감동했겠는가? 서양 선교사가 천대 받는 백정의 집을 찾아와서 기도해 주었기 때문이다. 그리고 하늘 같은 고종 황제의 시의가 자기처럼 천한 백정을 찾아와서 주사를 놓고 약을 주어서 생명을 살려주었으니 그 감동이 어떠했겠는가?

■ 1898년 10월 관민공동회의 개막 연설을 하는 백정 출신의 박성춘 장로

치유의 체험을 한 박성춘은 그 길로 구원을 받기 위해 죄를 회개하고 주님을 영접했다. 그리고 백정의 일을 접고 전도에 나서서 서울과 수원 등지에서 수백 명의 백정에게 복음을 전하게 된다. 또 백정들의 인권을 회복하기 위해 정부를 상대로 '형평운동'을 벌이기도 했다. 마침내 애비슨 선교사의 도움으로 백정의 지위가 공식적으로 회복되기도 했다.

이처럼 무어 선교사는 언제나 가난한 사람들의 친구가 되었고, 소외당하는 사람들의 이웃이 되어주었다. 심지어 백정들과 똑같이 헐벗고 굶주렸다. 그러다가 너무 고생을 많이 한 탓에 결국에는 과로로 쓰러지고 말았다. 무어 목사는 46세의 젊은 나이에 병을 이기지 못하고 하늘나라로 갔지만, 백정들은 무어 선교사의 사랑과 은혜를 잊을 수 없었다. 백정들은 모두 한마음으로 목사의 관을 들고 양화진에 있는 선교사 묘역에 가서 무어 선교사의 시신을 고이 묻었다.

■ 2010년 SBS에서 방영한 드라마 「제중원」에서 배우 박용우가 열연한 백정 출신의 진실된 의사 황정 역은 박서양이 그 모델이다.

일어나라, 빛을 발하라

얼마 전 TV에서 신분제도가 엄격한 조선시대에 백정이 신분의 벽을 넘어 엘리트 의사가 된다는 성공 스토리를 담은 드라마가 방영되었다. 소나 돼지 따위의 가축 잡는 일을 해서 연명했던 백정은 갖바치, 무당, 광대 등과 함께 신분이 가장 낮은 천민 계급이었다. 당시에는 백정이라고 하면 천대 받는 천민으로서 사람 대접도 받지 못하는 존재였다. 이러한 천민 중의 천민이 최고 엘리트 의사가 된다는 것은 당시로서는 생각도 못할 일이었다.

하지만 백정 출신으로서 우리나라 최초의 의사 면허를 받은 이가 바로 박서양(朴瑞陽, 본명 박봉출)이라는 사람이다. 드라마 「제중원」은 바로 '박서양'이라는 실존 인물을 모델로 극적 재미를 위해 허구를 가미해 재구성한 것이다. 주님의 빛이 임하자 박서양은 백정의 아들로 태어나 조선 최초의 서양식 병원인 제중원의 의사가 되었다. 1908년에 세브란스병원의학교를 1회로 졸업한 박서양은 학교에 남아 교수로서 후배를 가르치고 병원에서는 외과의사로 활동했다. 그는 제중원의학교 이전에 경성학당을 졸업하고 조안의숙이라는 학교에서 교사로 근무하

■ 우리나라 최초의 서양식 의료기관인 제중원이 설립한 제중원의학교의 1908년 첫 졸업생 7명 가운데 한 명인 박서양은 최초의 서양의이기도 하다. (중간 줄 오른쪽)

기도 했다. 그리고 의과대학에서도 교수로 6년간 봉직했다.

민족의 치욕인 한일 병합이 되자 더 이상 한국에선 독립을 위해 일할 길이 없다고 판단하여 독립운동을 위해 간도로 떠났다. 덕분에 잠시 국내에선 잊혀지게 되었다. 박서양은 북간도 연길현 용지향 국자가라는 곳에 자리를 잡고 병원을 열어 구세(救世)병원이라고 이름을 지었다. 또 숭신(崇信)학교를 세워 우리 민족을 위한 진료와 교육 활동에 전념했다. 그러다가 만주 지역의 무장투쟁 독립운동 단체인 대한국민회 군사령부의 군의(軍醫)로 임명돼 활동하기도 했다.

사실 박서양이 만주로 떠난 뒤 그의 행적은 단지 일제가 남긴 군사

14 신앙 명문가의 자녀교육 노하우 02

백정 출신이면서도 우리나라 최초의 의사가 된 박서양의 가문

노하우 1 하나님 앞에 헌신되고 변화된 아버지가 자녀들의 변화를 이끌어낸다.

노하우 2 부모로서 직업, 사회적 지위, 경제력 및 현재의 상황이 여의치 않다고 해도 결코 개의치 말라. 자녀를 훌륭하게 키워내는 것은 부모의 의지에 달렸다.

노하우 3 배운 것으로 기꺼이 나라와 민족을 위해 사용하라.

노하우 4 현실에 머무르지 말고 주님의 빛을 세상에 드러내는 데 최선을 다하라.

기밀서류에만 남아 있었다. 그때 박서양은 홍범도 장군이 이끈 봉오동 전투에도 종군해서 공을 세운, 독립군 유일의 군의였다. 이 봉오동 전투에서 일본군은 150여 명이 죽고 300여 명이 다쳤으며, 독립군은 네 명이 죽고 두어 명이 다쳤다. 이러한 공적을 인정받아 그가 세상을 떠난 지 68년이 지난 2008년에 정부로부터 '건국포장'을 받기도 했다.

이처럼 박서양은 자신의 현실에 머물러 있지 않았다. 복음을 알고 믿음으로 주님의 빛을 세상에 드러냈다. 멸시 받는 신분에서 벗어나기 위해 열심히 공부했고, 배운 것을 나라와 민족을 위해 기꺼이 사용했던 사람이었다. 즉 그는 어렵게 배우고 익힌 지식과 지혜로 나라와 민족을 치료하고자 '큰 의사(대의)'의 길을 걸었던 인물이다.

씨앗은 옥토가 필요하다

좋은 씨앗이 떨어졌다 해도 씨앗을 받는 밭이 가시밭이나 길가 밭이나 자갈밭이라면 결코 결실치 못한다. 씨앗이 필요로 하는 밭은 옥토다. 아무리 좋은 하나님의 씨앗이라 해도 그 밭이 옥토가 아니면 결실치 못하고 시들게 된다. 여기에 마음 밭이 좋은 하나님의 자녀가 역사의 주인공이 된 사례가 있다.

국제정치 뉴스를 놓치지 않고 따라가던 영옥은 에치슨 미 국무장관이 미국의 서태평양 방어선을 일본-대만-필리핀으로 발표하면서 한반도가 제외되었을 때 불길한 예감을 가졌었다. 하지만 그것이 이렇게 빨리 전쟁이란 모습으로 다가올 줄은 몰랐다. 한국전쟁 소식을 들은 영옥은 그 자리에서 군에 복귀하기로 결정했다. 오랜 심사숙고가 필요

없었다.

2차 세계대전 때 유럽에서 나치즘이나 파시즘의 폐해를 생생히 목격했던 영옥에게는 이데올로기를 앞세워 인간의 생명과 개인의 권리를 무가치하게 희생시키는 공산주의 역시 잘못이었다. 미국의 에치슨 라인 선포는 한반도로 전쟁을 불러들인 초청장이나 다름없었고, 이 때문에 미국이 한국에 커다란 빚을 졌다는 생각도 들었다. 한국계로서 아버지의 나라를 조금이라도 돕는 가장 직접적인 방법은 미국 시민으로서 한국에 가서 직접 총을 들고 싸우는 것이었다.

당시 코인 세탁소를 운영하면서 사업가로서의 지위를 굳혀가던 그는 전쟁에 참전하기 위해 서둘러 어머니에게 갔다. 다시 군 입대를 허락받기 위해서였다.

"한국에서 전쟁이 났습니다. 군복을 다시 입겠습니다."

"……."

"……."

"그래, 알았다. 한국에 가거든 반드시 이 대통령을 뵙고 문안을 드려라. 너도 알다시피 아버지는 생전에 그분의 독립운동을 열렬히 지지하셨다. 그 어른도 네가 인사를 드리면 몹시 반가워하실 게다. 꼭 찾아 뵙거라."

"그렇게 하겠습니다."

■ 1919년 독립운동가 김순권 선생의 아들로 미국에서 태어난 김영옥 대령

신앙이 돈독했던 영옥의 어머니는 항상 믿음으로 살도록 자녀들을 인도했고, 그 덕분에 아버지가 돌아가신 후에도 자녀들은 올바르게 자랄 수 있었다. 영옥은 그 길로 육군에 재입대 지원서를 냈다. 그가 바로 미국이 뽑은 16인의 영웅 중에 한 명이 된 김영옥 대령이다.

"호랑이는 죽어서 가죽을 남기고 사람은 죽어서 이름을 남긴다"라는 속담이 있다. 2차 세계대전과 한국전쟁의 전쟁 영웅인 김영옥 대령의 아름다운 삶의 모습은 미국에서뿐만 아니라 우리에게도 잔잔한 감동을 안겨주었다. 그는 일제강점기에 미국으로 망명해 대한동지회 북미총회 소속으로 독립운동을 이끈 김순권 선생의 아들로서 LA에서 태어났다. 아버지 김순권은 미국에서 버는 돈을 생활비만 남겨놓고 모두 독립군 자금으로 상해에 송금했다. 그리고 이승만 박사를 도와 미국에서도 직접적인 독립운동을 했다.

■ 1944년 이탈리아 바다로 진군하는 김영옥 대령. 앞줄 오른쪽 두 번째

1941년, 2차 세계대전이 터지자 김영옥은 장교후보생 학교를 나와 소위로 임관하게 되었다. 임관 즉시 이탈리아 전선에 투입되어 독일 전선을 무너뜨린 공로로 프랑스의 국가 최고 훈장인 레지옹 도뇌르(Legion d'Honneur)를 받기도 했다.

씨앗이 세상을 바꾼다

한국에서는 그의 공적이 그리 알려지지 않았지만 김영옥 덕분에 오늘날의 휴전선이 그어졌다고 할 만큼 조국의 통일에 목숨을 건 사람이었다. 그가 31연대 1대대장의 지휘권을 넘겨받는 날이었던 1951년 5월 23일의 작전 전황도에는 1대대가 강원도 홍천의 다른 부대와 같은 선상에 있었다.

하지만 김영옥의 지휘가 시작된 지 1주일이 지난 5월 31일의 전황도에는 1대대가 전선에서 혼자 앞으로 삐죽이 나와 유엔군 9군단의 최선봉 부대로 화천 이북까지 진격해 있었다. 다시 여드레가 지난 6월 8일의 전황도에도 31연대는 북으로 솟아오른 중부 전선의 맨 앞에 그려져 있다. 이후 전쟁은 교착 상태에 들어갔고, 결국 오늘날의 휴전선 모양이 되었던 것이다.

"당시 1대대는 말 그대로 유엔군 대공세의 견인차 역할을 했습니다. 매일 전투가 벌어졌지만 1대대는 한 번도 지지 않았습니다. 연전연승이었고, 혼자 너무 북으로 올라가 3면이 적으로 둘러싸이는 위험한 형국이 됐을 정도니까요."

그의 직속상관이었던 윌리엄 매캐프리 미 육군 예비역 중장(당시 31

연대장)의 증언이다. 김영옥이 전투에서 처음으로 패배 아닌 패배를 하게 된 것도 너무 진격 속도가 빨라 유엔군이 적으로 오인해 쏜 포탄에 맞았기 때문이다. 목숨은 건졌으나 이때의 중상으로 후속 수술을 40차례나 받았고, 천국에 갈 때까지도 한쪽 다리를 절면서 통증에 시달려야 했다.

김영옥 대령에 대한 또 하나의 놀라운 일화가 있다. 대대장 지휘권을 받은 지 이틀 만인 5월 25일 홍천 인근 금병산 전투 때였다. 중공군 진지를 향해 다가가던 미군 병사들은 중공군의 총공격이 시작되자 능선을 버리고 산비탈로 뛰어내려 머리를 은폐물에 처박고 방아쇠를 당겼다. 겁먹지 말라고 아무리 독전(督戰)해도 소용이 없었다. 당시의 상황에 대해 김영옥 대령은 이렇게 말했다.

생각 끝에 나는 능선에 올라가 팔짱을 끼고 일부러 왔다 갔다 했습니다. 병사들 사이에서 '너무 위험합니다'라는 아우성이 터져 나왔지만, 나는 '나를 보라! 괜찮지 않느냐'고 말했지요. 중공군은 100미터 쯤 떨어진 곳에 있었으나 빗발치는 총알은 모두 빗나갔습니다. 전쟁에서 총에 맞는다는 게 생각만큼 쉽지 않은 거지요.

얼마 뒤 병사들은 머리를 내밀고 총을 쏘기 시작했고, 눈이 휘둥그레진 중공군은 사격을 멈추고 도망쳤다.

1972년 대령으로 예편한 그는 사회 봉사, 특히 유색인들의 권익 확보를 위해 일생을 바쳤다. 미국 최대의 한인봉사단체로 성장한 한인정신건강정보센터를 만들었고, 한인 2세들을 위한 한인청소년회관, 한미연합회도 그의 리더십 아래서 태동했다.

아이러니한 것은 그가 재미 일본계로부터도 존경을 받았다는 점이다. 일본계 2세 부대를 이끈 전쟁 영웅이란 점 때문이었다. 일본계 교육재단인 고 포 브로크(Go For Broke)는 그의 일대기를 담은 「잊혀진 용맹(Forgotten Valor)」이란 영화를 만들어 LA 등지에서 상영한 적도 있다.

김영옥은 미국 이민 100주년을 맞아 선정한 7명의 '이민 영웅'에 문대양 하와이대법원장, 야구 선수 박찬호 등과 함께 뽑혔다. 전쟁 영웅에서 이민 영웅이 된 김영옥은 "나는 100퍼센트 한국인이며, 100퍼센트 미국인"이라고 말했다. 국적이 어디든 그는 분명 자랑스러운 한국인이다.

신앙인이었던 그는 전쟁 중에도 고아원을 설립하고 대대 장병들의 봉급을 모아 수백 명의 전쟁고아들을 친히 돌보기도 했다. 1963년에는 군사 고문으로 다시 한국을 찾아 대한민국 국군 최초의 미사일부대를 창설하는 등 우리나라의 국방력에 많은 도움을 주기도 했다. 1972년 대령으로 예편한 이후 2005년 작고할 때까지 그는 빈민, 고아, 입양아, 장애인, 청소년, 가정 폭력 피해 여성 등 사회적 약자들을 위해 헌신적으로 일했다. 참으로 잊혀져서는 안 될 귀한 이름이다.

최근 그의 아름다운 삶을 기리기 위해 LA 통합교육구에서는 그의 이름을 딴 김영옥중학교를 설립하기로 결정했다. 그는 이미 우리 곁을 떠났지만 거룩한 자기희생과 헌신적인 사랑의 향은 진한 감동으로 온 세상에 퍼졌다. 물론 김영옥 대령에게는 어머니의 뜨거운 신앙과 기도가 있었다. 그래서 그는 믿음과 신앙으로 목숨을 아까워하지 않으며 정의를 위해 싸웠던 것이다. 하나님은 지금도 믿음의 어머니를 통해 자녀를 키우시고 그 자녀들을 통해 역사를 움직이신다.

미국 100명의 전쟁 영웅인 김영옥 대령의 가문

노하우 1 자녀들이 항상 믿음의 결단대로 살도록 격려하라.

노하우 2 사회적 약자들을 돌아볼 줄 아는 헌신적인 마음을 갖도록 이끌어라.

노하우 3 자녀의 마음 밭이 옥토처럼 좋은 밭이 될 수 있도록 가르쳐라.

노하우 4 용기를 내야 할 때 자신의 안위를 생각하기보다 하나님과 이웃을 먼저 생각하도록 가르쳐라.

씨앗의 주머니, 어머니여

씨로부터 시작되는 위대한 가문

이 세상은 단 한 가정으로부터 시작되었다. 그 가정의 시작은 어머니다. 세상에 아무리 남자가 많고 능력 있는 남자가 많다 해도 어머니가 될 여자가 없다면 역사는 일어나지 않았다.

천국도 어머니로부터 시작된다. 또 세상에 죄악이 관영해진 것도 어머니가 될 여자 때문이었다. 그래서 어머니가 중요하고 가정이 중요한 것이다. 즉 믿음의 가문은 현숙한 어머니로부터 출발한다.

바울은 여자의 수고에 대해 이렇게 말한다.

그러나 여자들이 만일 정숙함으로써 믿음과 사랑과 거룩함에 거하면 그의 해산함으로 구원을 얻으리라(디모데전서 2:15)

세상에는 종자가 각기 다른 사람들이 살고 있다. 그 옛날 바이킹족은 말 그대로 종자가 산도적에다 해적이었다. 그들은 처음부터 종자가 좋지 않았다. 바이킹족을 성경에서 비유하자면 들포도 종자였다. 그러나 그들 속에 주님의 복음이 들어가면서부터 강도, 절도, 살인자가 변해서 천사처럼 의롭고 온전한 사람이 되었다. 이 놀라운 변화가 복음의 능력이다.

조상이 바이킹이자 해적이었던 북유럽이 어떻게 기독교 사회가 되었을까? 스웨덴은 인구 950만 명에 불과한 나라지만 선진복지국가로서 우리에게는 노벨상을 수여하는 국가로도 잘 알려져 있다. 스웨덴 사람들은 정직하고 겸손한 것으로도 유명하다. 이들 나라의 특징은 모두 기독교가 국교라는 사실이다. 북유럽의 덴마크, 노르웨이 및 스칸디나비아 반도의 나라들은 원래 그들의 조상이 배를 타고 노략질하여

■ 자녀들을 잘 기르기 위해 기독교인 여자들을 아내로 맞아들인 바이킹들

먹고사는 바이킹이었다. 그런데 그들이 잘한 일이 한 가지 있었다. 그
것으로 인해 오늘날 나라는 작지만 강한 선진국들이 되었다.

당시의 해적들은 배를 타고 세계를 휘젓고 다니다 보니 견문이 넓어
졌다. 그리고 머리가 트이게 된 것이다. 그들이 약탈한 곳들에서는 좋
은 사람들도 있었지만 대부분이 방탕하고 창녀들처럼 성적으로 아주
문란하게 살고 있었다. 그래서 가정들이 엉망진창인 것을 종종 보았
다. 그래서 자신들의 결혼에 대해서도 아주 신중을 기하게 되었다. 다
시 말해 자신들과 결혼할 여인은 한평생 깨끗해야 하고, 또 깨끗한 자
녀로 키워야겠다는 욕심을 가지게 된 것이다.

그런데 노략질을 하다 보니 기독교인 여자들이 가장 헌신적이고 착
하고 자녀를 잘 키운다는 것을 알게 되었다. 그래서 강제로 잡아다가
결혼을 했다. 그런데 그 기독교인 여인들은 허구한 날 고향을 그리워
하고 울면서 가정을 등한히 했을까? 아니다. 어쩌다 보니 해적의 아내
가 되었지만, 여기로 보내신 뜻이 있는 줄 알고 온유하고 겸손하게 남
편을 잘 섬기고 자녀들을 신앙적으로 잘 양육했으며, 지적으로도 잘
키워냈다. 그렇게 몇 세대가 지나고 나니 나라가 바뀌었다. 해적 국가
가 변해서 마침내 기독교 국가가 된 것이다. 바로 그들이 개척정신과
신앙이 합쳐진 청교도가 된 것이다. 기독교인 여인들을 통해서 그 가
정과 사회가 거룩하게 되었다. 이것이 바로 바울이 말했던 믿음과 정
절로 해산의 수고를 한 결과이다.

오늘날의 덴마크는 작고 인구가 적은 나라지만 지상낙원이라고 해
도 과언이 아니다. 한 사람의 연간 소득이 3만5천 달러에 이르고 있다.

여행하는 사람들의 말을 들어보면 카메라를 공항에서 잃어버렸는데, 3일 후에 갔더니 그 자리에 있더라는 것이다. 세면대에 시계를 풀어놓고 세수하다가 그냥 왔는데, 3일 후에 갔더니 시계가 그 자리에 그대로 있다는 일화도 들었다. 정직하고 남의 것을 탐내지 않는 사회가 오늘날의 덴마크인 것이다. 그들처럼 정직한 나라가 일본이라고 할 수 있다. 하지만 일본은 하나님 없는 양심 교육을 시킨다. 그 결과, 성적으로는 세상에서 가장 방종한 나라가 되고 말았다.

복음은 새 종자운동이다

이사야 1장 4절을 보면 종자라는 말이 나온다. 하나님은 개인을 통해 가정을 구원하시고 가정을 통해 가문 전체를 변화시키길 원하신다. 그래서 믿음의 가문도 처음에는 작은 씨앗처럼 미미하게 시작된다. 하나님은 지금도 역사 속에서 한 개인을 부르시고 그를 변화시키기 위해 어머니를 부르신다. 또 하나님 나라를 세우기 위해서도 어머니를 통해 가문을 변화시키신다. 그리고 그 가문에는 점점 하나님 나라의 핵심 인재들이 나타나게 되고, 그래서 하나님의 영광을 드러내는 도구로 더욱 쓰임을 받게 될 것이다.

자신의 두 아이를 조기교육 시키는 데 성공하여 20대 초반에 교수로 만든 칼 비테 목사는 이렇게 말했다.

국가의 운명은 권력을 잡은 손에 달려 있는 것이 아니라 엄마의 손에 달려 있다. 그러므로 우리는 인류의 교육자인 엄마를 계발하는 데 노력해야 한다. 그러나 엄마가 되는 데에는 굉장한 어려움이 따른다는 것을 잊어서는 안 된다. 이 어려움을 극복하겠다는 각오가 없으면 차라리 엄마가 되지 않는 편이 좋다.

새로운 종자의 기적

우리나라의 초기 교회 역사를 보면 참 훌륭한 분들의 이야기가 많다. 그 중 김승명 장로의 이야기가 있다. 그는 함경남도 홍원군 삼호마을에서 태어났는데, 세 살 때 아버지가 세상을 떠났다. 다섯 살 때에는 어머니가 세상을 떠났다. 그는 큰아버지 밑에서 더부살이를 했는데, 큰아버지가 그에게 이런 말을 했다.

"내가 너에게 밥은 먹여주고 잠은 재워줄 테니, 너는 열심히 돈을 벌어 자수성가를 해라!"

그래서 김승명은 장사를 시작했다. 하지만 글을 모르니 장부 정리가 되질 않았다. 자기 나름대로 표기를 만들기도 했다. 사각형은 얼마, 동그라미는 얼마, 가위표는 얼마, 이런 식으로 만들었다. 그러다가 결국에는 공부를 해야겠다고 결심을 하게 되었고, 사탕을 사서 친구들에게 나눠주고 어깨너머로 천자문을 배우기 시작했다. 그리고 한글까지 깨치기 시작했다. 그때부터 장사도 열심을 낸 김승명은 만주, 부산, 일본을 드나들면서 어물과 비단 장사로 돈을 모으기 시작했다. 삼호마을 일대에 있는 많은 땅들을 사들였고, 99칸짜리 기와집도 지었다. 자신이 배움에 한이 있었기 때문에 4년제 사립학교도 세웠다. 그러다 보니 면장도 되고 평의원도 되었다.

그 당시 캐나다 선교사 맥도널드가 삼호마을에 와서 전도를 시작하면서 예배당을 지었다. 그때 면장이었던 김승명의 오촌 조카가 면서기를 맡고 있었는데, 교회를 나가면서 예수님을 믿게 되었다. 김승명은 조카가 가문의 망신이라고 여겨서 곧 파면시켜 버렸다. 그런데 파면당한 면서기에게 맥도널드 선교사가 공부도 시키고, 신학 수업도 받게 하는 것이 아닌가? 한편, 맥도널드 선교사는 교회의 예배당을 다 지은 후 헌당을 해야 되는데, 헌당예배는 경축할 일이므로 면장과 동네 유지들 등 불신자들도 모두 초대했다.

김승명은 비록 예수는 반대하지만 그래도 한 면을 대표하는 어른이기에 유지의 입장에서 체면상 참석하기로 했다. 그런데 맥도널드 선교사가 헌당예배의 설교를 통해 보물을 땅에 쌓아두지 말고 하늘에 쌓아야 한다는 말씀을 전했다. 그때 성령님이 김승명의 마음에 감동을 주셨다.

설교가 끝난 뒤 예배당 건축 비용에 대해 의논하는 자리가 있었다.

"예배당을 건축하면서 빚진 것이 160원입니다. 이곳에 모인 여러분, 우리가 서로 짐을 나눠서 이 빚을 갚읍시다! 김 집사님, 얼마 하겠소?"

"1원 하겠습니다."

"최 집사님은 얼마 하겠소?"

"50전 하겠습니다."

교인들이 작정하는 모습을 뒷자리에 앉아 보고 있던 김승명 면장은 '이렇게 해서 언제 빚 다 갚겠나?' 하는 생각이 들었다. 성질이 급하기도 했던 그는 벌떡 일어나 자신도 작정을 했다.

“내가 80원 하겠소.”

이에 담임목사는 너무나도 고마워서 큰소리로 축복기도를 해주었고, 김승명은 더욱 감동을 받았다. 결국 교회에 처음 나온 사람이 “내가 마저 내겠소!” 하고는 160원을 모두 갚아 버린 것이다.

담임목사는 김승명이 돈만 내고 가게 하면 안 될 것 같아서 다시 기도를 해주었다. 그리고는 인생이 무엇인지 말해 주고, 사람이 죽으면 천당과 지옥이 있다는 이야기도 해주고, 또 선진국들은 다 예수 믿어서 복 받는다는 얘기도 해주었다. 그러자 김승명은 그 자리에서 “나 예수 믿겠다”고 하고 그날로 예수를 영접했다. 그리고는 집으로 돌아와서 술과 담배를 끊었다. 또 세 명의 첩들도 모두 집으로 돌려보냈다. 그 첩들이 살던 집은 자신이 면직시켰던 조카에게 전도사 사택으로 주었다. 또한 소작인들을 불러서 전도하고 면서기와 직원들도 모두 교회로 불러내 성경과 찬송을 사주었다. 때마침 맏아들이 일본 유학을 마치고 돌아왔다. 그러자 방안에 앉히고는 문 걸어 잠근 후 전도했다.

“너 예수 안 믿으려면 같이 굶어죽자!”

그렇게 해서 자녀들도 모두 예수 믿게 했다. 재산을 정리할 때에는 다섯 아들 중 맏아들과 셋째 아들에게 제일 많이 주었다고 한다. 왜냐하면 맏아들은 장자니까 많이 주고, 셋째 아들이 목사이기 때문에 가난할 것을 생각해서 많이 주었다. 셋째를 목회자로 하나님께 바친 이유는 생선의 가운데 토막처럼 다섯 형제 중 가운데를 하나님께 드렸다고 한다. 그 아들이 바로 김형도 목사로 이승만 대통령의 두터운 신임을 받았던 초대 군종감이었다. 넷째는 집사로 한국전쟁 때 순교했다.

다섯째는 김형차 장로인데, 일본 와세다 대학을 나와 성남교회의 장로가 되었다.

50세의 나이에 헌당식에 참석하여 은혜를 받고 예수를 믿은 김승명 장로는 눈에 보이는 물질이나 안개와 같이 잠깐 있다가 없어지는 세상에 소망을 두지 않았다. 자식도, 물질도 다 천국을 위해 쌓아 두는 생활을 하다가 하나님의 부름을 받았다.

이처럼 예수가 그 사람의 중심에 들어가게 되면 전혀 다른 종자가 된다. 미국이 가장 번성한 나라가 된 것도 신앙으로 나라를 시작했던 청교도들 때문이다. 필자가 일전에 미국에 갔을 때 다른 데는 몰라도

14 신앙 명문가의 자녀교육 노하우 04

우리나라 초대 군종감인 김형도 목사의 가문

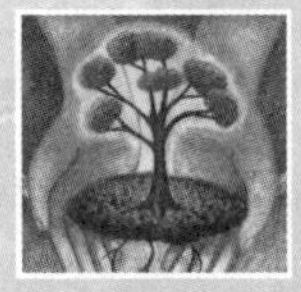

노하우 1 예수님을 믿는다는 것은 삶의 결단과 변화를 수반하여야 한다.

노하우 2 눈에 보이는 물질이나 안개와 같이 잠깐 있다가 없어지는 세상에 소망을 두지 마라.

노하우 3 자녀마저도 천국을 위해 쌓아 두라.

꼭 가보고 싶은 곳이 있었다. 폴리머스라는 곳이었는데, 메이플라워호가 상륙한 곳이다. 늘 설교를 하면서 미국 사람들은 미국에 정착한 후 첫해의 수확물로 교회를 짓고, 그 다음해 수확물로는 학교를 지었다고 이야기했는데, 과연 그것이 사실인지 확인하고 싶었다.

그것은 사실이었다. 폴리머스에는 청교도들이 최초로 지은 교회와 교회 안에 설립한 작은 학교가 있었다. 그들이 미국에 처음 정착했을 때에는 대부분 아이들이 어렸기 때문에 초등학교와 중학교만 필요했다. 그런데 점점 인구가 늘면서 고등학교와 대학이 필요해졌다. 하지만 그들의 고향 영국에는 옥스퍼드나 케임브리지가 있지만 그들에겐 대학이 없었다. 그래서 그들은 폴리머스에서 약 100킬로미터 떨어진 보스턴에 하버드 대학을 지었다. 그리고 모든 거리의 이름을 영국식으로 지었고, 영국보다 더 나은 대학을 만들고자 했다. 자녀교육이 안 되면 그들의 영화도 영원하지 못할 것이라는 것을 알았기에 교회와 학교를 짓고 난 뒤에야 비로소 자신들의 집을 지은 것이다.

그 정신이 바로 오늘날의 미국을 있게 한 것이다. 필자도 청교도들에게서 배워야 할 이런 미국의 정신을 통해 우리의 자녀들도 제대로 기르자는 '프로미스운동'을 하고 있다. 정확히 표현하자면 '프로미스랜드운동'인데, 우리에게 약속의 땅은 지역이 아니라 자녀가 바로 우리의 약속의 땅이라는 의미이다. 그래서 우리의 자녀들을 극상품의 포도로 만드는 운동을 하고 있는 것이다. 그래야 우리만 잘 사는 게 아니라 자손만대가 복을 받고 하나님의 은혜를 전수 받아 열방에 전하는 생명의 교회가 되기 때문이다.

씨앗을 담는 부드러운 손길

아기 주머니 씨

아줌마는 아기 주머니의 줄임말이다. 즉 씨앗을 담고 있는 그릇인 것이다. 여자는 씨앗을 담고 있어야 하기에 부드럽고, 외형적으로 보아도 부드럽다. 각진 데가 없이 둥글둥글하고 말도 부드럽다.

필자가 아내와 30여 년을 살면서 깨달은 것은 여자들은 씨앗 채취와 나물 캐기를 좋아한다는 것이다. 봄이 되면 아직 바람도 차가운데 나물 캐러 가자고 조른다. 오십을 넘어 육십을 향해 가고 있는데 여전히 소녀적 마음을 갖고 있다. 그러다 보니 필자의 집엔 각양각색의 차와 약주가 있다. 봄이면 오디와 매실, 여름이면 복분자, 가을이면 은행과 더덕까지 여러 가지 열매와 약초를 캐어다가 숙성시킨다.

때론 필자가 바빠서 동행해 주지 못할 때도 있는데, 그러면 삐져서 말도 안할 때가 많았다. 그러면서 속으로 '다 먹지도 못할 열매랑 뿌리에 왜 저렇게 목을 맬까?' 하고 생각하곤 한다.

그런데 기도하다 보니 하나님이 그 이유를 가르쳐 주셨다. 즉 하나님이 창조하실 때부터 씨앗을 받을 준비를 하도록 만드셨기 때문이라는 것을. 씨앗을 사랑하고 생명을 이어가는 일에 대한 애착과 관심이 여자에게 있다는 것을 발견한 것이다. 그런데 세속의 무영성의 문화는 여성들을 남성화시키는 데 일조하고 있다. 요즘 대세를 이루고 있는 알파걸들이 그러한 증거다. 창조의 원리로 볼 때 여자는 부드러움과 정절과 단아함으로 사는 것이 맞다. 동적이기보다는 정적인 것이 자녀를 키우는 성품으로 온당하다. 왜냐하면 자녀가 아름다운 씨앗으로 만들어지려면 엄마의 부드러운 손길이 절대적이기 때문이다.

그리고 앞의 수산나의 예에서 알 수 있듯이 엄격한 교육도 어머니의 부드럽고 따뜻한 손에서부터 일차적으로 이루어져야 한다. 강함은 부드러움 안에 있기 때문이다.

첫 번째 타자

인간은 타자(他者) 지향적으로 지음 받은 유일한 피조물이다. 그 인간이 태어나서 가장 먼저 만나고 인식하는 타자는 바로 어머니다. 그러므로 아이에게 있어서 어머니는 하나님이다. 어머니가 형상을 만드는 대로 아이는 자라게 된다. 어머니의 사랑과 애착 그리고 교육의 원칙이 아이의 평생을 결정한다. 세계적인 재벌인 록펠러를 만든 것도 그의 어머니였다.

록펠러재단은 세계 최대의 비영리 공익재단이다. 이 재단의 설립자 록펠러는 시카고 대학을 설립했고, 록펠러의료재단과 록펠러연구소 등을 설립했으며, 미국뿐 아니라 세계적으로도 많은 구제와 선행을 베풀었다. 또 문화, 예술, 교육, 의료 전반에 걸쳐 지원을 아끼지 않았다. 설립 당시 25억 달러 상당의 자금을 재단을 통해 기부했다. 이 가문은 아직도 건재하며, 외아들인 존 데이비슨 록펠러(John Davison Rockefeller)는 재력을 바탕으로 많은 기관들을 설립, 록펠러 자선사업의 전성기를 이루었다.

록펠러재단은 방송과 관련하여 다각적인 지원을 제공했고, 단체와 기관을 비롯해 방송인과 예술인들에게도 많은 지원을 아끼지 않는 것으로 유명하다. 또 그가 설립한 시카고대학교는 현재 미국 최고 명문대학 중 하나로 꼽히고 있다. 이같은 기부와 환원은 미국은 물론 전 세계 기부 문화의 뿌리가 되었다는 평가를 받기도 한다. 그가 이렇게 경제권을 가질 수 있었던 데에는 어릴 때부터 유대인 어머니로부터 다음의 10가지 교훈을 철저하게 배웠기 때문이다. 록펠러의 어머니는 부드럽지만 강하게 자녀들을 가르쳤다.

1. 하나님을 친아버지 이상으로 섬겨라. 친아버지보다 더 중요한 공급자는 바로 하나님이시다.

2. 목사님을 하나님 다음으로 섬겨라. 목사님과 좋은 관계 속에서 하나님의 말씀을 듣고 따르는 것이 복된 길이다.

3. 주일예배는 꼭 본 교회에서 드려라. 하나님의 자녀로서 교회에 충성해야 한다.

4. 십일조는 하나님의 것이므로 먼저 구별한 후 나머지를 사용해야 한다.

5. 아무도 원수로 만들지 마라. 다른 사람들과의 관계가 좋지 않으면 일마다 장애 요소가 될 수 있기 때문이다.

6. 아침에 목표를 세우고 기도하라. 오늘 해야 할 일을 하나님께 맡기며 모든 일에 함께해 주실 것을 온전히 믿는 기도가 필요하다.

7. 잠자리에 들기 전 하루를 반성하고 기도하라. 빨리 회개하여 죄로 인한 어려움과 고통을 피할 수 있어야 한다.

8. 아침에는 꼭 하나님의 말씀을 읽어라.

9. 남을 도울 수 있으면 힘껏 도우라. 그리고 도와준 일에 대해 절대로 나팔을 불면 안 된다.

10. 예배 시간에는 항상 앞에 앉으라. 예배 드리고 말씀 듣는 일에 누구보다 앞장서서 하려는 노력이 필요하다.

원칙의 중요성

록펠러는 특별히 잘하는 것이 없었고 머리가 좋다는 소리도 듣지 못했다. 근근이 학교 공부를 따라갈 정도의 머리였다. 록펠러는 가난한 행상의 아들로 태어났지만 신앙의 어머니를 가졌다. 비록 평범한 아이였어도 록펠러의 어머니는 그를 기독교 신앙으로 잘 양육

■ 철저한 십일조 교육을 받고 부자가 된 록펠러

했다. 특별히 십일조 정신을 철저히 가르쳤는데, 아예 두 개의 주머니를 만들어주고는 오른쪽 주머니에는 꼭 십일조를 챙겨 넣도록 했을 정도였다.

10센트짜리 은화가 하나 생기면 동전으로 바꾸어 오른쪽 십일조 주머니에다 1센트를 꼭 넣도록 교육시킨 것이다. 그는 8세 때 자기가 받은 돈 20센트에서 2센트를 떼어 처음으로 십일조를 드렸다. 그 뒤로도 계속해서 십일조 생활을 했다. 비록 그가 가난 때문에 상급 학교에 진학하지 못했지만 열심히 일해서 돈을 벌면 반드시 십일조를 드렸다. 십일조뿐만 아니라 전도헌금과 구제헌금도 드렸다. 그런 록펠러는 15세 때 한 침례교회에서 침례를 받고 그 교회의 회계로 일하기도 했다.

그런데 21세 되던 해에 한 사건이 터졌다. 그가 다니던 교회 건물이 저당 잡혀 있었는데, 갑자기 저당권자가 돈을 갚으라고 요구한 것이었다. 당시 교회 회계로서 재정을 맡고 있었기에 큰 책임감을 느끼지 않을 수 없었다. 록펠러는 예배 후 출입문에 서서 한 사람 한 사람 붙들고 간곡하게 부탁했다.

"지금 교회가 어렵습니다. 교회를 위해 도와주십시오."

이렇게 몇 달 동안 노력을 기울였고, 마침내 그는 적은 기부금들을 모아 저당 잡혔던 교회를 구해낼 수 있었다. 이 사건을 겪으면서 록펠러는 크게 깨달은 것이 하나 있었다.

'아, 정말 돈이 없으면 안 되겠구나. 돈을 벌어야겠구나.'

그후로 록펠러는 굳게 결심하고 자기 사업에 뛰어들었다. 처음에는 가게 점원으로 일하면서 모은 돈과 여기저기서 융통한 돈을 합쳐서

1,800달러로 곡물 가게를 차렸다. 첫 사업은 그런 대로 성공을 거두었다. 그래서 25세 때에는 클리블랜드에 정유소를 세웠다. 그 당시는 석유 사업이 막 뜨기 시작하던 때였다. 그 이후로 록펠러는 석유 사업에 전력하게 되었는데, 자나 깨나 석유만 생각했을 정도였다. 그의 옷은 늘 석유 냄새로 진동했고, 식당에서 점심을 먹을 때 석유 냄새 때문에 손님들에게 항의를 받기도 했다.

그 다음에는 광산업에도 손을 대었다. 하지만 사기를 당해서 투자금을 모두 날리고 말았다. 임금이 밀리자 광부들은 폭도로 변해 밀린 임금을 요구했고, 심한 빚 독촉에 시달려야만 했다. 한때 자살을 떠올리기도 했지만, 어쩔 수 없어서 황량한 폐광에 납작 엎드려 기도하기 시작했다.

'주님, 저는 어렸을 때부터 지금까지 계속해서 온전한 십일조 생활을 해왔습니다. 그런데 왜 이런 시련을 당해야만 합니까? 주님이 살아 계신다는 증거를 보여주십시오.'

록펠러는 통곡하면서 기도했다. 그러자 그의 마음속 깊은 곳에서 주님의 음성이 들려오는 것이었다.

"때가 되면 열매를 거두리라. 더 깊이 파라."

그는 일어나 다시 폐광을 파기 시작했다. 주위 사람들은 그가 제정신이 아니라고 수군거렸다. 그래도 아랑곳하지 않고 계속 파들어갔다. 그러자 갑자기 검은 덩어리가 공중으로 솟구쳐 올랐다. 바로 석유였다. 그가 유전을 발견해 낸 것이다. 그의 나이 32세 때 자본금 100만 달러로 오하이오 스탠더드 석유회사를 설립했다. 사세 확장을 위해 물

불을 가리지 않고 열심히 일했으며, 44세 되던 1882년에는 미국 석유 산업의 90퍼센트를 장악한 스탠더드 오일 트러스트의 실질적인 지배자가 될 수 있었다.

록펠러는 석유 산업으로 인해 미국 최대의 갑부가 되었다. 계산상으로는 빌 게이츠의 재산이 1,000억 달러 이상으로 록펠러가 가진 재산의 두 배 정도라고 한다. 그러나 록펠러 당시의 경제 규모를 생각해보면 그의 재산이 빌 게이츠보다 13배가 더 많다고 한다. 지극히 작은 누룩이 밀가루 속에 들어가면 밀가루를 모두 부풀게 하는 것처럼 믿음으로 시작한 록펠러의 작은 발걸음이 결국 그를 세계 최고의 갑부로 만든 것이다.

교훈이 가훈이 된 가문

록펠러가의 이 교훈은 세대를 거치면서 록펠러가의 가훈(家訓)이 되었다. 록펠러는 마지막 유언으로 후손들이 이 어머니의 교훈대로 살 것을 부탁했다. 그로 인해 록펠러가는 아직도 건재하며 여전히 노블리스 오블리제를 지켜내고 있다. 록펠러 2세의 셋째 아들인 로런스는 사업가인 동시에 환경운동의 핵심 인물로 평가받고 있으며, 넷째 아들 윈스롭은 아칸소 주지사로 정치계를 누볐다. 막내아들인 데이비드는 한때 체이스맨해튼 은행의 회장으로 활동하면서 경제계 인물로 이름을 남겼다. 4세대의 정계 활동도 계속되었는데, 록펠러 4대손에 속하는 제이 록펠러는 미 상원의원으로 활약했다.

얼마 전 록펠러 가문의 5대손인 스티븐 록펠러 2세가 한국을 방문했다. 인터뷰를 했던 기자는 록펠러가의 가훈이 사실이며 여전히 그것을 지키고 있느냐고 물었다. 그러자 스티븐은 "그렇다. 그 가훈은 록펠러 가의 오늘이 있게 한 원칙이며, 그 원칙은 여전히 유효한 성공의 법칙" 이라고 설명했다. 스티븐은 세계 미소금융(Micro Credit)의 상징인 방글라데시 그라민재단의 이사이기도 하다. 그라민은행에 출연한 록펠러재단의 기금 규모는 30억 달러를 넘는다고 한다.

사실 모든 부자들이 사회공헌활동을 벌이지는 않는다. 이에 대해 스티븐 록펠러 2세는 국내 잡지와의 인터뷰에서 이렇게 답변했다.

나는 부모 덕분에 자연스럽게 자선사업에 노출되어 있었다. 아버지(스티븐 록펠러 1세)와 어머니는 여러 가난한 나라를 돌아다니며 봉사활동을 했다. 풍토병으로 건강이 나빠지기도 했다. 하지만 두 분은 사회공헌활동이 내 인생의 중요한 일부가 될 수 있음을 몸소 보여주셨다. 나도 모르는 사이에 자선사업에 젖어들었다. (「중앙 SUNDAY」 2010. 10. 17일자.)

■ 록펠러 가문의 5대손인 스티븐 클라크 록펠러 주니어

사회공헌에 대한 자극을 받은 다른 계기가 없었느냐는 질문에 그는 다음과 같이 말했다.

20대 중반 내 뿌리를 찾으려고 노력했다. 존 록펠러 이후 가문의 역사를 집중적으로 공부했다. 내 조상들이 남의 시선을 의식해 베푼 게 아니라 훌륭한 생각을 지녔기 때문에 사회공헌에 나섰다는 사실을 알게 되었다.

그는 후손으로서 선조에 대한 논문도 썼다. 자신과 세상 사람들에게 조상에 대해 어떻게 말해야 할지를 정리한 것이다. 그래서 명과 암을 제대로 밝히고 자신의 후손들에게 분명한 좌표를 제공하고자 했다. 이 논문에서 다 밝히지는 못했지만 록펠러 가문은 자녀들을 특별하게 관리했다.

14 신앙 명문가의 자녀교육 노하우 05

철저한 십일조 생활로 부자가 된 록펠러의 가문

노하우 1 하나님을 친아버지 이상으로 섬기고, 목사님을 하나님 다음으로 섬겨라.

노하우 2 주일 예배는 반드시 본 교회에서 드리고, 십일조는 하나님의 것이므로 먼저 구별한 후 나머지를 사용하라.

노하우 3 아침에 목표를 세우고 기도하고, 저녁에 하루를 반성하고 기도하라.

노하우 4 아침에는 꼭 하나님의 말씀을 읽고, 예배 시간에는 항상 앞에 앉으라.

노하우 5 남을 도울 수 있으면 힘껏 도우라.

오래 전엔 금전출납부를 쓰게 하는 등 강제적인 교육에 의존했다. 하지만 요즘은 자유롭고 자연스러운 교육을 강조한다. 그리고 자원봉사를 포함한 일정한 프로그램이 있다. 재단은 가문의 후세들이 그 프로그램을 다 마쳤는지 평가한 다음 각각의 역할을 맡긴다.

예수님은 좋은 나무가 좋은 열매를 맺고 나쁜 나무가 나쁜 열매를 맺는다고 말씀하셨다. 그러므로 나무가 좋으면 열매도 좋고, 좋은 열매는 좋은 나무에서 나오기 마련인 것이다. 그러면 좋은 나무는 누가 만드는가? 바로 부모가 만드는데, 특히 4살 이전 어머니의 교육이 자녀들의 평생을 결정한다.

우리는 가정에서 어머니의 기도와 교육이 얼마나 중요한지 다시 생각해 보게 된다. 오늘날 우리 어머니들은 알면서도 늘 모범이 되어 주지 못하고 바쁘다는 핑계로 모든 교육을 사교육에 맡긴 채 좋은 대학만 나오면 모든 성공을 보장해 줄 것이라는 잘못된 믿음으로 살아가고 있다. 하나님은 지금도 믿음의 어머니를 찾고 계시며, 또한 믿음의 가정을 찾고 계신다.

하나님의 손을 기대하라

록펠러와 쌍벽을 이루는 미국의 또 다른 갑부가 바로 카네기다. 카네기가 어렸을 때 엄마와 함께 시장에 갔을 때의 일이다. 북적대는 시장에서 엄마는 어린 카네기에게 절대로 엄마 손을 놓지 말고 따라 다니라고 일렀다. 그런데 얼마 후 엄마는 카네기가 슬그머니 손을 놓고 어디론가 사라져버린 것을 알아챘다. 카네기가 어디로 갔는지 살펴보니 멀리 앵두 가게 앞에 서 있는 게 보였다. 그래서 알아채지 못하게 가까이 가서 카네기가 어떻게 하는지 지켜보고 있었다. 카네기는 앵두가 먹고 싶은지 그 앞에서 침을 꼴깍 삼키면서 서 있었다. 앵두 가게 할아버지가 말을 건넸다.

“먹고 싶으냐? 그럼 돈을 내고 사 먹으렴!”

“네에, 먹고 싶어요. 그런데 저는 돈이 없어요.”

그렇게 한참 동안 서 있는 것을 본 할아버지가 다시 말했다.

“그리도 먹고 싶니? 그럼 먹고 싶은 만큼 쥐어 먹으렴.”

그런데도 카네기는 꼼짝하지 않고 그대로 서 있었다.

“이 녀석 보게! 맘껏 쥐어 먹으라는데, 왜 그대로 있어! 옛다. 받아 먹어라!”

보다 못한 할아버지가 한 움큼 쥐어주자 그제서야 카네기가 그럴 줄 알았다는 듯 얼른 받아 인사를 하고선 먹기 시작했다. 한참이나 지켜보던 엄마는 카네기에게 왜 그랬는지 물었다. 카네기는 싱글거리며 대답했다.

“할아버지 손이 내 손보다 크잖아요.”

카네기의 이런 지혜는 어디서 나왔을까? 록펠러와 마찬가지로 그 역시 믿음의 어머니를 두고 있었다. 어릴 때 가르친 믿음과 지혜가 사람의 일생에 어떤 영향을 끼치는지 보여주는 예다.

20세기 초 미국의 대부호이자 강철왕이라는 칭호를 얻은 카네기는 영국 스코틀랜드 출신의 이민자였다. 그곳에서 가난한 직조공의 아들로 태어나 13세에 미국으로 건너갔다.

제대로 된 학교 교육은 못 받았지만 주일학교에서 배운 성경과 믿음을 통해 14살 때부터 사회생활을 시작했다. 가장 먼저 취직한 방직공장에서 실 감는 일을 하게 되었는데, 어린 카네기에게 결코 쉬운 일은 아니었다. 하지만 그는 하나님께 세계에서 실을 제일 잘 감는 직공이 되게 해달라고 기도하며 최선을 다해 일했다. 이러한 카네기의 성실함을 지켜보던 사장은 그를 일급 기술자로 대우해 주고 다른 기술자보다 높은 월급을 주었다.

카네기의 두 번째 직업은 우편 배달부였다. 당시 우편배달부 역시 천한 직업에 속했지만 카네기는 조금도 부끄러워하지 않고 최고의 우편배달부가 되겠다는 다짐으로 열심히 일했다. 세 번째 직업은 전신기사였다. 그는 거기서도 역시 최고의 전신기술자가 되겠다며 맡은 일에 최선을 다했다.

카네기는 이런 식으로 어떤 분야에서 일을 하든 최고가 되겠다는 신념으로 최선을 다한 결과, 사람들에게 인정을 받을 뿐만 아니라 일의 원리를 깨치게 되었다. 결국 오래지 않아 강철왕이라 불리우며 미국에서 제일가는 실업가로 성공할 수 있었다. 우리 속담에도 '세 살 버릇 여든까지 간다'는 말이

■ 어떤 분야에서 일을 하든 최고가 되겠다는 신념으로 최선을 다한 카네기

있다. 또 사람은 일평생 살면서 알아야 할 모든 것을 4살 이전에 결정 짓는다는 이론도 있다. 그러므로 특히 이 시기에 누가 어떤 가치관으로 어떻게 교육하느냐에 따라 한 가문의 미래가 결정되는 것이다.

믿음의 가정을 이루고 싶다면 하나님 앞에서 자녀들을 향하여 사랑과 믿음을 보여주고 하나님 나라와 그의 의를 구하는 삶을 보여주어야 하리라. 교육은 가르침이 아니라 삶이라는 것을 보여줄 때 시작은 미미하지만 끝은 한없이 창대해지는 축복을 누리게 될 것이다.

아름다운 씨앗, 아름다운 열매

가인과 아벨

창세기의 아름다운 시작에 비해 그 결말은 사뭇 어둡기까지 하다. 창세기를 기록한 기자는 1장에서 천지창조의 영광을 이야기하다가 마지막 50장에선 요셉이 관에 들어가는 허무함으로 끝을 맺는다. 원래 죽지 않도록 지음 받은 존재이지만 결국 흙으로 돌아가는 인생의 아픔을 보여주려는 것이다. 그 이유는 바로 불신앙과 죄 때문이다.

앞 장에서 보듯이 믿음으로 일어선 가문이 있는가 하면 가인의 살인처럼 오히려 처참하게 무너진 가문도 있다. 이는 잘못된 믿음이 만들어내는 가정의 역기능이다. 창세기는 설화체로 구성이 되어 있어 구체적인 많은 정보를 제공하진 않는다. 하지만 믿음으로 적용해 보면 상당히 많은 영적 힌트를 준다. 성경은 성령의 감동으로 기록되었기 때문에 믿음으로 살려고 애쓰는 사람에게만 언뜻언뜻 하나님의 음성을 들려주신다.

우선 창세기는 인간이 가계(家系)를 가진 존재임을 잘 설명해 주고 있다. 가끔 어떤 사람들은 이름난 개(犬)들의 족보를 들이대기도 하지만, 그것은 어디까지나 인간의 편의에 의해 만들어진 것일 뿐, 개들이 가문을 알고 가문의 영광(?)을 위해 살지는 않는다.

첫 사람 아담은 하나님으로부터 생산되었지만, 그 다음부터는 우리 모두가 남자와 여자를 통해 출산의 축복을 얻게 된다. 태(胎)의 축복은 하나님의 선물이다. 우리는 우리를 만드신 하나님의 형상을 닮아 하나님의 영향을 받듯이 가인과 아벨도 그 부모의 영향 아래에서 살게 하셨다. 그래서 아담의 원죄는 아담에게만 머물지 않고 가계를 따라 내려가게 되었고, 전 인류에게 퍼지게 되었다. 아담의 가문이 우리에게 보여주는 첫 번째 진실은 부모로서 우리 모두는 불완전하다는 것과 우리의 가정들은 모두 조금씩 역기능을 가지고 있다는 사실이다. 아담의 후손인 우리는 선택의 여지없이 무언가를 후손에게 물려주고 죽는다.

아담의 가족은 범죄 이후 에덴의 동쪽으로 쫓겨난다. 그들이 에덴의 동쪽에 머문 이유는 다시금 잃어 버린 에덴에 돌아가고자 하

■ 「가인과 아벨」 Daniele CRESPI, 1618–20, 캔버스에 유화.

는 열망 때문이었다. 하지만 그들은 하나님의 메시지를 잘못 읽었다. 하나님이 언약하신 에덴의 회복은 여자의 후손이신 메시야가 오셔야만 하는 것이었다. 하지만 아담과 하와는 아들만 얻으면 되는 줄 알았다. 그 열망이 가인의 이름에도 나타난다. 가인의 이름은 '얻었다'라는 뜻이다.

왜 얻었다고 이야기할까? 어쩌면 그들은 난생 처음 에덴이 아닌 곳의 고통과 절망을 맛보았기 때문일 것이다. 가시 엉컹퀴와 자갈밭 그리고 일찍 찾아오는 겨울의 추위와 출산의 고통은 그들에게 에덴에서의 삶이 얼마나 축복된 삶이었는지를 깨닫게 했다. 그런데 하나님의 언약은 믿음의 가문을 따라 예수님이 오셔야만 에덴의 축복된 장소로 되돌아오겠다는 것이었다. 결국 첫아들 가인이 성인이 되도록 하나님의 부르심은 없었다. 그러던 사이 둘째를 낳았으니 바로 아벨이었다.

부모의 기분이 씨앗에 영향을 미친다

아벨은 '허무' 또는 '공허'라는 뜻을 가지고 있다. 가인을 '여자의 후손'으로 생각한 부모가 이제 그 기대가 끊어지자 자신들의 속상한 마음을 담아 지은 이름인 것이다. 자녀들은 자라면서 자신의 이름이 무슨 뜻이냐고 묻게 된다. 그

■ 「아담의 가족」 Antoine ETEX, 1832, 조각.

렇게 묻는 것은 두 가지 의미가 있다. 자신에게 이름을 지어준 자에 대한 경외심을 나타내는 것이다. 그래서 이름 지은 자의 권위를 인정하는 것이다. 부모는 작명(作名)을 통해 자녀들에게 희망을 주어야 한다. 왜냐면 자녀를 키우면서 반드시 해야 할 일이 자존감을 세워주는 것이기 때문이다. 그러므로 이름에 얽힌 좋은 이야기를 만들어 들려주어야 한다. 이렇게 이야기 해보자.

어느 날 너를 배기 전 꿈을 꾸었는데, 『나니아 연대기』에 나오는 사자처럼 하나님이 커다란 사자로 나타나서 너를 등에 태우고 들판을 쏜살같이 달리는 모습을 보여주셨단다. 엄마 생각엔 아마 네가 세상을 호령하는 위대한 인물이 될 것이라는 영감을 주신 것 같아.

아니면 이런 이야기도 괜찮다.

너를 막 임신할 무렵에 하늘에서 징조가 보였는데, 갑자기 맑은 하늘에 먹구름이 잔뜩 끼면서 얼마나 천둥과 번개가 치는지…. 그런데 그 속에서 하나님의 음성이 들리지 뭐니? "내가 너에게 보내는 아기는 장차 나의 큰일을 할 아기니라. 그러니 너는 이 아기를 잘 키워 나를 위한 일꾼이 되도록 만들어라."

이렇게 신화를 만들어주면 아이들은 자신의 출생의 비밀을 통해 강한 자존감을 얻게 된다. 위대한 군주나 위대한 영웅에겐 이러한 출생에 얽힌 이야기들이 있다. 야곱은 태중에 있을 때 이미 하나님께서 큰 자가 되리라고 예언해 주셨다. 그래서 어머니 리브가는 그 이야기를 끊임없이 야곱에게 들려주었다. 그래서 야곱은 남다른 삶을 산 것이다. 사실 하나님은 모든 아이들에게 "너희를 정말 사랑하신다"고 말씀하신다. 즉 이 세상에 의미없이 태어나는 아기는 하나도 없다. 사탄이 우리의 자존감을 무너뜨리기 위해 거짓으로 우리를 속일 뿐이다.

사랑 없는 씨앗은 죽은 것이다

연세대 이훈구 교수가 쓴『미안하다고 말하기가 그렇게 어려웠나요』라는 책은 2000년 부부 토막 살해 사건의 진범으로 밝혀진 둘째 아들 은석 군의 심리를 분석한 내용이다.

"어릴 적부터 멸시를 당해 이번 기회에 모든 것을 끝내고 싶어서 살해했다."

중2 때의 일기장엔 또 이렇게 쓰여 있다.

"나는 사탄의 종인가, 아니면 애초부터 잘못 태어난 쓰레기인가? 어머니의 말대로 싹수가 노란 구박대기인 내가 과연 성공할 수 있을까?"

2000년 5월 24일 이른 아침에 과천경찰서 형사계 사무실에 한 통의 전화가 걸려왔다.

"관내 중앙공원에서 환경미화원이 쓰레기 봉투 속에서 사람의 것으로 보이는 발목을 발견했습니다."

"예. 알았습니다. 곧 현장으로 출동하겠습니다."

"반장님, 중앙공원 쓰레기통에서 사람의 발이 발견됐다고 합니다."

먼저 상부에 보고한 이강극 반장은 즉시 긴급 출동을 지시했다. 이 엽기적인 사건은 피해자가 지문감식을 통해 과천시에 사는 이 모(남, 60) 씨와 부인 황 모(50) 씨임이 밝혀졌다. 신원 파악이 되자 형사대는 피해자의 집으로 갔다. 문을 열려는 순간 한 남자가 문을 열었는데, 바로 피해자의 아들인 이은석(24) 군이었다. 형사들이 부모의 행방에 대해 물으면서 실종신고를 하지 않은 이유를 캐묻자 이 씨는 "일요일 아침 교회에 간다면서 엄마 아빠가 같이 나갔는데, 3일이 지났는데도 소식이 없다. 사실 오늘 실종신고를 하려고 했다"는 말을 내뱉었다. 하지만 무언가 부자연스러웠다. 결국 끈질긴 형사대의 수사 끝에 이 군이 범인이라는 것을 잡아낼 수 있었다.

친부모를 살해한 후 토막내어 버린 엽기적인 사건의 주인공인 은석 군은 명문대를 휴학하고 군대에 갔다 온 재원이었다. 그런 명문대생이 왜 그처럼 잔악한 범죄를 저질렀을까? 사건 당일 부모와 다툰 것도 아니고 정신 병력도 없었다. 단지 그는 부모의 멸시와 무시, 자신을 자식으로 취급하지 않는 부모를 죽이고 싶을 정도로 미워했던 심경이 그의 일기나 메모에서 발견되었다.

믿음과 사랑이 빠진 씨앗

가계를 조사해 보니 은석 군의 아버지는 해병대 중령으로 골수 군인이었다. 당연히 가정에서도 군대식이었다. 어머니 또한 밀어붙이기 식의 교육을 했다. 어렸을 때부터 부모의 멸시와 천대를 받은 은석 군은 수도 없이 '저 사람들이 과연 내 부모인가?'라는 생각을 했다. 밥 먹을 때도 눈치를 보며 밥을 먹었고, 밥알이 모래알 같았던 날도 수없이 많았다. 사건 발생 일주일 전에 은석 군은 처음이자 마지막으로 아버지에게 반항했다.

"왜 사람을 벌레 보듯 하십니까? 나도 사람이고, 이젠 성인입니다."

"너 같은 새끼가 무슨 성인이냐?"

아버지의 구박이 이어지고 있는데, 어머니까지 가세했다.

"네가 뭐가 잘났다고 아버지한테 말대꾸냐, 말대꾸가!"

은석 군은 울면서 오래 전부터 마음속에 쌓아두었던, 어릴 때부터 부모로부터 멸시 받은 이야기들을 하나 둘 뱉어냈다.

"그런 일이 있으면 왜 그때그때 이야기하지 않고 혼자 꽁하고 있다가 이제야 꺼내는 거냐? 남자 새끼가 그 모양이니…. 한심한 새끼!"

어머니의 잔소리는 한참 동안 이어졌다. 그제야 말이 통하지 않는 사람들이라고 생각한 은석 군은 오랜 감정을 훌훌 털어 버리고 지금부터라도 부모와 잘 지내고 싶었던 자신의 생각이 어리석었다고 생각했다. 여기서부터 걷잡을 수 없는 심경의 변화가 일어났고 서서히 분노가 폭발하기 시작했다. 사건 당일 범행 직전에도 부모와 다툼이나 언쟁은 없었다. 하지만 이미 폭발한 분노는 사그라들지 않았다. 은석 군은 새벽 5시 쯤 양주를 3잔 정도 마신 후 쇠망치를 꺼내 들고 아버지와 어머니를 무참히 살해하고 말았다.

자녀의 마음에 사랑을 주세요

어떻게 장로와 권사의 가정에서 이런 일이 일어날 수 있을까? 한마디로 기독교의 본질인 인격적인 사랑은 없고 '종교생활에만 집착하는' 어머니가 가장 문제였다. 홀어머니의 지나친 기대 속에서 엘리트로 자라난 황 권사는 한국 최초의 여자 대통령이 되려는 꿈을 품고 명문여대 정치외교학과에 입학했다. 그러나 여자로서의 한계를 인식하게 되자 대통령 영부인의 꿈을 꾸면서 당시 가장 잘나가던 청년 장교를 만나 가정을 꾸리게 되었다.

그러나 행복하지 못한 결혼생활을 하게 되면서부터 자식들에게 자기가 못다 이룬 꿈을 강요하게 되었다. 이후 종교생활에 빠져서 여러 교회를 전전하기도 했고, 한때는 신학교에 입학해 1년 정도 다니기도 했다. 겉으로 보면 신앙생활 열심히 하는 고상한 주부였다. 하지만 속은 공허함과 불만으로 가득 찬, 자기가 낳은 자식조차 사랑하지 못하는 무늬만 엄마였다.

더불어 가부장적 태도에다 앞뒤 꽉 막힌 아버지는 자녀의 숨통을 더욱 조였다. 아버지는 자수성가형이기 때문에 똑똑하기는 하지만 독불장군에 안하무인식의 성격이 오랫동안 형성되어 있었다. 사관학교 출신의 엘리트 장교로서 월남전에서 두 번이나 공을 세웠지만 대령 진급에 실패하자 인생이 점점 어려워졌다. 이후 대기업 부장으로서의 생활 역시 군인처럼 행동했다. 회사나 가정 어디에서도 환영받지 못하자 스트레스가 극도로 심해졌다. 결국 아내와 자녀와의 관계는 점점 멀어졌고, 가정에서도 겉돌기 시작했다. 이러한 가정 환경 때문에 은석 군의 형은 일찌감치 숨 막힐 듯한 집안 분위기에서 벗어날 궁리를 하다가 대학 입학과 동시에 독립 선언을 했다. 그 후 은석 군은 명문대 정치외교학과에 수시 모집에 응시하여 입학했다. 하지만 어머니는 이를 실패라고 규정하고 아이를 닦달했다. 결국 견디다 못한 은석 군은 자신을 학대한 부모를 살해하기로 마음먹은 것이다. 이것이 누적되어 나온 결과가 세상을 떠들썩하게 했던 부모존속살해사건이었다.

'교회 다니는 것'이 우리의 구원을 보장해 주지도 않고, 우리의 변화된 인격과 삶을 보장해 주지도 않는다. 더더욱 예수를 믿는 기독교인 가정이라는 무늬를 가지고 있다고 해서 자녀들이 믿음의 가문을 이어 나가는 아름다운 후손이 되는 것도 아니다. 우리가 진정으로 예수 그리스도를 인격적으로 만나 믿고 동행하면서 그분의 형상을 닮아가야 하는 것이다.

오늘날 목회자들이 자칫하면 은석 군이 어머니와 같은 '종교적 인간'을 양산해 내는 목회를 할 수도 있다. 교회 일에 열심을 내고 목사의 일을 잘 돕는다고 충성스러운 성도라고 부추기는 교회 환경에서 이미 많은 가정의 자녀들이 애정 결핍으로 문제아로 자라는 경우를 보기 때문이다. 이것은 필자가 대안학교를 운영하면서 종종 보게 되는 아이들의 현주소다. 몇 년 전 학습캠프에 참석한 한 학생의 경우 아버지가 명문대를 나온 유명한 영어 교사였다. 그런데 학생의 성적은 늘 전교에서 중간에도 못 미쳤고, 이것이 늘 아버지에게 스트레스였다. 원인을 알아보니 아버지의 언어적 학대가 그렇게 만든 이유였다.'

"아빠는 그 어려운 환경에서도 자수성가로 대학을 나오고 이렇게 열심히 일한다. 그런데 너는 먹을 것 다 먹고 해달라는 것 다 해 주는데, 그럴 수 있니? 넌 내 자식도 아니다."

이러한 언어적 폭력이 알게 모르게 자녀를 위축되게 만들고, 더 나아가 전두엽 손상이라는 돌이킬 수 없는 문제를 야기시킨다. '교육 이전에 애착'이라는 말이 있다. 자녀들은 교육으로 크는 것이 아니라 사랑으로 크는 존재다.

동일하게 자녀를 키워도 어떤 가정은 믿음의 가문을 일으키고 어떤 가정은 그렇지 못할까? 이 문제가 필자에게는 늘 숙제처럼 생각되었다. 하지만 이제는 결론을 내릴 수 있다. 해답은 믿음이다. 믿음은 사랑으로 생기며, 믿음의 기본은 신뢰다. 따라서 믿음의 가정은 믿음으로 생긴다. 믿음이 없이는 하나님을 기쁘시게 할 수 없기에 하나님을 신뢰하고 믿는 가정에는 상호간에 믿음의 축복이 나타나는 것이다. 반대로 사랑 없는 가정은 그 자체가 지옥이고, 지옥에서 자란 아이들은 세상을 파괴하는 악귀처럼 변해 버리고 만다.

코이노니아의 씨앗

코이노니아적 파종

하나님이 우리를 만드신 원리를 알아야 우리도 자녀들을 바르게 키울 수 있고, 자녀들을 바르게 키워야 가문이 든든해질 수 있다. 내가 잘 믿는다고 자동으로 자녀들이 자라주는 것이 아니다. 창조 원리와 성장 원리를 제대로 알아야 세울 수 있다.

성경이 우리에게 가르쳐 주는 것은, 우리가 하나님의 형상으로 지음 받았다는 것과 영적으로 지음 받았다는 사실이다. 때문에 몸으로는 사물과 교제하고 영으로는 하나님과 교제하며 살아야 행복한 것이다.

하지만 영 · 혼 · 육 가운데 영이 주격(主格)이기 때문에 우리는 절대적인 교제인 영적 교제를 경험해야 한다. 그래야 우리의 내면이 완전해지고 행복감에 만족하면서 살게 된다. 하나님도 코이노니아의 교제

속에 영원히 계신다. 그래서 요한복음 17장 21절에서 "아버지여, 아버지께서 내 안에, 내가 아버지 안에 있는 것같이 그들도 다 하나가 되어 우리 안에 있게 하사 세상으로 아버지께서 나를 보내신 것을 믿게 하옵소서"라고 기도했다.

또한 요한복음 17장 22~23절에서는 "내게 주신 영광을 내가 그들에게 주었사오니 이는 우리가 하나가 된 것 같이 그들도 하나가 되게 하려 함이니이다 곧 내가 그들 안에 있고 아버지께서 내 안에 계시어 그들로 온전함을 이루어 하나가 되게 하려 함은 아버지께서 나를 보내신 것과 또 나를 사랑하심 같이 그들도 사랑하신 것을 세상으로 알게 하려 함이로소이다"라고 기도했다.

교육 이전에 코이노니아(애착, 愛着)다

우리는 무엇인가를 가르치는 것이 교육이라고 생각한다. 하지만 자녀들은 가르침보다 코이노니아를 원한다. 어릴 때 부모와 어떤 애착관계에 놓였느냐에 따라 일생이 바뀐다. 여기서 코이노니아(koinonia)란 우리말로 '사귐, 교제, 친교' 등으로 번역된다. 성경에서 코이노니아란 다양한 인격이 만나 하나로 연합되는 교제를 의미한다. 차 한 잔 같이 마시거나 음식 한두 번 같이 먹는 정도의 교제가 아니라 온전히 하나가 되고 일체를 이루는 교제를 의미한다.

성경적 원리에서 볼 때 코이노니아는 매우 중요한 말이다. 사실 하나님 자신이 코이노니아 하나님이시기 때문이다. 인간도 코이노니아를 본질로 하는 존재요, 교회도 코이노니아 공동체다. 하나님과 인간과의 관계, 인간 상호간의 관계, 회복된 교회 공동체 등 기독교의 영성은 한마디로 코이노니아 영성이다.

창세기에서도 하나님이 어떤 분이며, 또 인간은 어떻게 지음 받았는지 잘 나타나 있다. 삼위일체 하나님은 자신의 형상으로 인간을 지으셨다.

> 하나님이 가라사대 우리의 형상을 따라 우리의 모양대로 우리가 사람을 만들고 그로 바다의 고기와 공중의 새와 육축과 온 땅과 땅에 기는 모든 것을 다스리게 하자 하시고(창세기 1:26)

한마디로 인간을 지으실 때 하나님 자신을 모델로 삼으신 것이다. 즉 인간을 하나님의 속성과 형상을 지닌 존재로 만드셨다. 피조물 중에 사람만 영이신 하나님과 친교하고 대화하고 사랑할 뿐 아니라 신뢰를 맺고 살아가는 존재로 지으셨다. 다른 피조물과 달리 인간만이 하나님의 대화 상대로, 하나님의 친교 상대로, 하나님과 사랑을 나누는 대상으로 지음 받은 것이다. 정리하면 인간은 하나님의 형상을 지닌 존귀한 존재이자 하나님과 교제하는 영성적 존재라고 할 수 있다.

인간을 지으신 하나님은 어떤 하나님일까? 그분은 삼위일체 하나님이시다. 삼위일체 하나님이란 성부, 성자, 성령 삼위의 하나님이 온전히 일체가 됨을 의미한다. 하나님은 한 분이면서 세 분이고, 세 분이면서 한 분이시다. 이것이야말로 온전한 코이노니아를 이루신 하나님이심을 알 수 있다.

하나님께서는 삼위일체 사역을 통해서 하나됨과 일치됨의 모범을 보여주셨다. 하나님은 세 분이지만 한 분처럼, 한 분이지만 세 분처럼 역할을 분담하여 사역하셨다. 가령 구원사역에 있어서도 성부 하나님은 예정하시고, 성자 예수님은 십자가의 구속을 이루시며, 성령 하나님은 우리로 믿게 하시고 구원을 완성하신다. 과연 하나님은 코이노니아의 하나님이시다.

이러한 하나님이 사람을 창조하실 때 단순히 '내 형상으로 만들겠다'가 아니라 '우리의 형상을 따라' '우리 모양대로' '우리가' 사람을 만들자고 하셨다. '우리'는 삼위일체 하나님이시다. 이것은 삼위일체 하나님의 형상, 즉 삼위가 일체로 존재하는 코이노니아, '우리' 이미지로 인간을 지으셨다는 것을 말한다.

코이노니아가 성장을 만든다

자녀들이 제대로 된 믿음과 인격과 건강한 몸으로 살게 하려면 무엇보다 그들을 창조의 원리로 양육해야 한다. 하나님이 원래 창조하신 인간은 하나님과 친교하는 인간, 그리고 사람끼리 서로 친교하면서 하나 되어 살아가는 코이노니아 영성으로 지으셨다. 결코 모래알처럼 개인주의로 살아가는 인생이 아니라 '우리'로 살아가는 존재로 만드셨다. 이것이 인간의 본질적인 존재 방식이다.

인간이 가장 행복하게 되는 길은 하나님과의 코이노니아를 이루고 인간 간에 진정한 사귐, 즉 코이노니아 속에서 살아가는 것이다. 이것이 코이노니아의 영성, '우리' 이미지를 회복하는 길이다. 그런데 문제는 마귀가 코이노니아의 형상, 즉 '우리' 이미지를 파괴시켰다는 것이다. 뱀이 아담과 하와를 유혹한 것은 하나님과 연합된 코이노니아와 인간 서로간의 코이노니아를 파괴하려는 것이다. 그래서 에덴동산에서 일어난 인류 최초의 비극인 타락 이야기는 한마디로 코이노니아의 파괴를 말한다고 할 수 있다.

아담과 하와는 하나님의 말씀을 불신하고 뱀의 말을 신뢰하여 선악과를 따 먹었다. 어떻게 이처럼 하나님을 불신할 수 있을까? 이 불신은 코이노니아를 파괴하는 독소인데, 그때 하나님과의 교제가 파괴되었다. 인간의 불행과 가정 파괴의 시작은 코이노니아의 파괴로부터 시작되었다고 할 수 있다.

그들이 날이 서늘할 때에 동산에 거니시는 여호와 하나님의 음성을 듣고 아담과 그 아내가 여호와 하나님의 낯을 피하여 동산 나무 사이에 숨은지라(창세기 3:8)

사랑의 관계나 코이노니아 관계에 있을 때라면 하나님의 임재가 얼마나 기쁘고 감격스럽겠는가? 그러나 이제는 두려움이 되고 하나님의 낯을 피해야 하는 비극이

■ 「아담과 하와의 유혹」 티치아노, 1565–70, 캔버스에 유화, 96×75cm, 국립박물관 회화관, 베를린.

되었다. 코이노니아가 깨졌다. 이때부터 인간은 자신을 지으신 하나님을 등지고 사는 불행한 존재가 된 것이다.

그리고 나서 인간 관계도 파괴되었다. 한 몸이었던 아담과 하와의 사이도 인정사정없이 파괴됐다. 코이노니아 영성이 파괴되기 전에는 '내 뼈 중의 뼈요 살 중의 살이라'고 고백했지만 타락하여 하나님과의 교제가 파괴되면서 인간의 본질인 '우리' 이미지가 파괴됐다. 아담과 하와의 사이에 코이노니아도 파괴되고 말았다. 그때 아담이 한 말을 들어보자.

이제는 '우리'가 아니다. '여자 그가'로 전락했다. 3인칭, 즉 제삼자가 되어 버렸다. 그러면 그 자녀들은 어떻게 되었을까? 형 가인이 시기와 질투로 아우 아벨을 쳐 죽이는 살인 사건이 일어났다. '우리' 이미지가 파괴된 것이다. 게다가 가인은 이렇게 항변하기까지 한다.

마귀는 지금도 코이노니아의 영성인 '우리' 이미지를 파괴시키려고 혈안이 되어 있다. 그래서 자녀들이 하나님과 부모와 형제와 절대적인

코이노니아를 경험하지 못할 때 가정이 파괴되고 지옥이 되며, 결국
사탄의 도구로 전락되고 마는 것이다.

코이노니아적 씨앗 만들기

그러면 어떻게 해야 자녀들이 부모와 제대로 된 관계 속에서 하나님
과의 코이노니아를 이룰 수 있을까? 답은 의외로 간단하다. 서로 중보
의 관계가 되어야 한다. 성경은 자녀를 '하나님의 기업' '하나님의 소유'
라고 선언한다. 시편 127편 3절에 보면 "보라 자식들은 여호와의 기업
이요 태의 열매는 그의 상급이로다"라고 언급한다. 하나님 소유이기
때문에 내 마음대로 하겠다는 생각을 버리고 단지 14살이 될 때까지
양육의 의무만을 지겠다는 마음으로 독립된 인격체로 키워야 한다. 4
살까지는 스킨십을 통한 애착을 통해 타자에 대한 신뢰감을 높여주고
4살부터 14살까지는 중보기도를 통한 독립된 개체로서 서로 기도해
주는 관계로 나아가야 한다. 즉 훈계하고 가르치는 방법이 아니라 기
도제목을 서로 내어놓고 하나님 앞에 무릎으로 나아가는 관계가 될 때
자녀들은 개인의 영성뿐 아니라 공동체의 영성, 즉 코이노니아적 영성
을 갖게 되는 것이다. 이것이 안 되기 때문에 부모들은 부모들대로 고
독하고, 자녀들은 한 지붕 아래 살면서도 고독을 느끼는 것이다.

필자의 교회에는 가정교회가 있다. 아버지를 가정의 목사로 세우고
아버지의 인도를 따라 일주일에 한 번씩 예배를 겸한 코이노니아의 시
간을 갖게 한다. 이 시간은 특히 자녀들의 기도제목을 알고 집중적으
로 기도하는 시간이다. 그렇게 했을 때 가정이 평안해지고 자녀들이

행복해지는 것을 자주 보게 된다. 이러한 가정 공동체 영성이 온전히 회복될 때 교회나 지역이나 직장에서 영향력을 행사하는 성숙하고 건강한 그리스도인으로 자랄 수 있게 된다. 사도 요한은 복음 전하는 목적을 우리와 사귐이 있게 하려 함이라고 했다. 사귐이 코이노니아인데, 복음을 전한다는 것은 이미 이루어진 '우리'라는 코이노니아 공동체에 들어오게 하여 코이노니아를 경험케 하는 것이다. 그리고 그 첫번째 장이 바로 가정이다. 주님이 가정에서 연합하여 기도할 것을 얼마나 강조하셨는지 생각해 보자.

진실로 다시 너희에게 이르노니 너희 중에 두 사람이 땅에서 합심하여 무엇이든지 구하면 하늘에 계신 내 아버지께서 저희를 위하여 이루게 하시리라(마태복음 18:19)

두세 사람이 내 이름으로 모인 곳에는 나도 그들 중에 있느니라(마태복음 18:20)

이 말씀은 코이노니아 영성의 중요성을 강조한 것이다. 영혼을 구원하고 연약한 자녀들을 회복시키기 위하여 가정에서 합심하여 기도하라고 하신다. 자녀들과 합심하는 것, 그것이 코이노니아다.

코이노니아가 부족할 때

1999년 미국 콜롬바인 고등학교 총기 난사 사건의 범인들이나 조승

희는 게임광이었고, 서남부 연쇄 살인범 정남규는 공상과학소설에 탐닉한 것으로 전해졌다. 2001년에는 인터넷 게임에 빠져 있던 중학생 양 모 군이 초등학생인 동생을 도끼로 살해한 뒤 40~50명을 더 죽이겠다며 돌아다니다가 경찰에 잡힌 일도 있었다. 양 군은 범행에 앞서 자신의 홈페이지 게시판에 일기 형식으로 "살인이라는 걸 꼭 해 보고 싶다"는 글을 올려놓았고, 자기소개란에도 "앞으로의 삶의 계획은 세상을 즐겁게 살고, 군대 갔다 와서 살인을 맘껏 즐기는 것! 침대 밑에는 할인점에서 구입한 도끼 등을 숨겨 놓았다"고 적어놓았다.

그런데 더 충격적인 것은 이들 가정이 대부분 크리스천 가정이라는 것이다. 어떻게 교회를 다니고 믿음이 있다고 하는 가정에서 이런 일이 일어날까? 그 이유는 믿음이라는 것이 사랑과 신뢰를 바탕으로 하는 코이노니아라는 것을 모르기 때문이다. 믿음이 있는 가정은 항상 교제가 있어야 한다. 또 영적인 사귐뿐 아니라 심리적·육체적 친밀감이 늘 있어야 한다는 것을 잊지 말아야 한다.

2

좋은 씨앗이 명문가를 만든다

그 작은 자가 천 명을 이루겠고
그 약한 자가 강국을 이룰 것이라 때가 되면
나 여호와가 속히 이루리라

이사야 60:22

씨를 뿌리는 것은 훗날 아이들에게 열매로 나타나게 된다. 내가 뿌린 것이 부정적이고 율법적이며 판단적이면 반드시 아이들은 부정적이고 율법적이며 판단적인 사람이 된다. 내가 뿌린 것을 내가 거두는 가장 확실한 장소가 가정인 것이다.

새로운 씨앗 '하나님 가족'

사랑이 가문을 세운다

뼈가 약해 신체에 큰 충격이나 특별한 원인이 없어도 뼈가 쉽게 부러지는 희귀 질환인 골형성부전증을 앓고 있는 숀 스티븐슨(Sean Stephenson)이라는 청년이 있다. 키가 90센티미터밖에 되지 않지만 그가 다른 사람들에게 오히려 에너지를 주고 있다.

그의 인생역전 뒤에는 부모님의 무한한 사랑이 있었다. 조금만 심하게 운동하면 뼈가 부러지는 병인 골형성부전증 때문에 전동 휠체어에 의존한 채 살아야 하는 숀이지만 이미 대학에서 심리치료를 전공하여 박사 학위를 땄다. 그리고 현직 심리치료사로 매일 수십 명의 상담자들과 상담하고 있다.

숀은 자신과 상담하면 누구나 인생역전을 꿈꾸며 새로운 희망을 가지고 세상에 도전할 수 있다고 말한다. 현재 그는 자기 한 몸 건사하기도 힘든 상황에서도 미국 전역을 돌면서 강연회를 진행하고 있다. 청중이 많으면 많을수록 더욱 열정적으로 강연하는 숀은 90센티미터에 불과한 신체지만 그의 정신은 거인이다. 그는 이렇게 말한다.

행복은 선택이다. 행복의 감정을 느끼는 것은 나에게 일어나는 일들 때문이 아니다. 행복이란 몸이 결정하는 것이 아니라 내 몸이 행복하다는 것을 스스로 느끼는 것이라고 생각한다.

그러면 장애인으로 좌절할 수밖에 없을 것 같은 숀은 어떻게 오히려 정상인들의 아픔을 치료하면서 위로할 수 있을까? 그 이유는 단 한 가지다. 부모가 가진 사랑의 힘으로 그를 만들었기 때문이다. 그는 늘 '할 수 없는 것보다 할 수 있는 것에 집중하라'는 부모의 교훈이 자신을 이 자리에 설 수 있게 만들었다고 말한다. 숀은 늘 강연 마무리에는 "나는

■ 장애인이면서 오히려 정상인들의 아픔을 치료하는 숀 스티븐슨

뼈가 골절되었지만 여러분들은 마음이 골절되었을 수도 있다"는 말로 마무리한다. 자녀들에게 상상하는 대로, 생각하는 대로 살게 된다고 말해 주는 부모가 있다면 누구라도 이런 자녀로 키울 수 있다. 세상에서 내가 좌지우지할 수 없는 것에 집착하기보다는 내가 할 수 있는 일에 초점을 맞추도록 자녀들을 격려하는 부모라면 자녀의 미래에 대해 아무 걱정할 필요가 없다. 왜냐하면 사랑의 힘은 강하기 때문이다.

"너는 사랑받기 위해 태어난 사람이란다."
"너는 하나님께서 놀라운 삶을 살게 하려고 이 땅에 보낸 사람이란다."
"너는 원래 하나님께서 네가 좋아하고 원하는 모든 것을 가지도록 축복한 사람이란다."

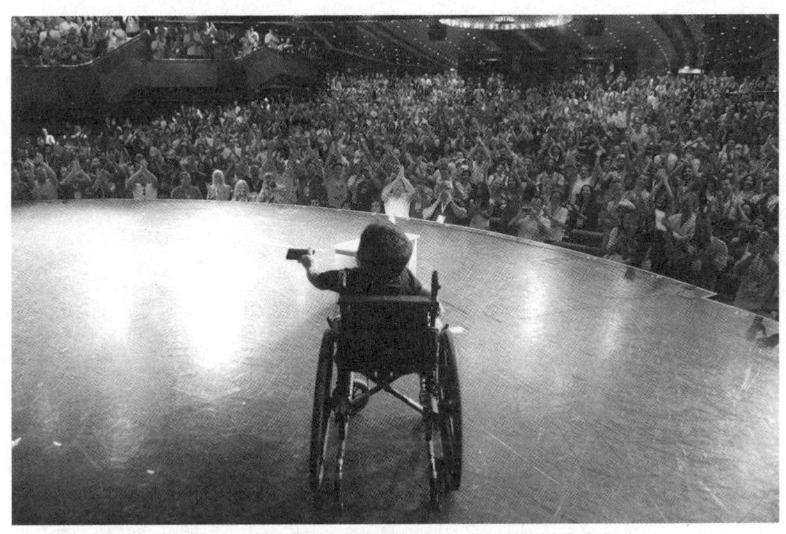

■ 숀 스티븐슨의 강의는 수많은 사람들에게 치료와 동기부여를 제공해 준다.

"너는 원래 하나님께서 신나는 일을 하도록 만드셨고, 이루고 싶은 모든 것을 이루게 될 사람으로 창조하셨단다."

"너는 하나님께서 가족이나 친구들과 행복으로 충만한 관계를 맺고 살도록 지음을 받은 사람이란다."

"너는 하나님의 은혜로 완벽하고 멋진 삶을 사는 데 필요한 모든 돈을 가질 사람이란다."

"너는 하나님의 약속대로 꿈을 이루며 살 사람이란다. 그것도 모든 꿈을 이루게 될 사람이란다."

"너는 하나님의 사랑으로 여행을 원한다면 여행을 하고, 사업을 시작하고 싶다면 사업을 시작하고, 음악가, 과학자, 사업가, 발명가, 연기자, 부모, 무엇이든 되고 싶은 것이 있다면 너는 원래 그런 존재가 될 사람이란다."

숀 스티븐슨을 만든 힘은 다름 아닌 사랑의 힘이다. 사랑의 힘은 언어의 힘이다. 언어의 힘은 말씀으로 천지를 창조하신 하나님의 능력을 믿는 믿음이다.

믿음의 씨

믿음과 신앙적 긍정은 같은 말이다. 앞 장에서 소개했던 황경애 사모의 경우도 믿음이 있었기에 자녀들을 든든하게 세울 수 있었다. 믿음의 핵심은 복음이다. 복음은 희망이며, 가능성이며, 긍정이다. 아무리 어려워도 자녀들 앞에서 어떠한 부정적인 말도 하지 말아야 한다. 하나님의 말씀은 한마디로 요약해 우리가 믿어야 할 복음의 말씀이고,

사랑의 말씀이다. 때로는 하나님의 경고도 사랑 때문이다. 그러므로 우리는 자녀를 키울 때 오직 믿음만을 말해야 한다. 또 염려를 따라 기도하지 말고, 항상 비전을 따라 기도해야 한다. 자녀들은 부모를 통해 믿음이 생기며, 엄마와 아빠의 믿음으로 아이들의 믿음도 성장한다.

그러면 자녀들은 결국 믿음으로 하나님의 산에 오르기 시작할 것이다. 하나님의 산은 믿음의 산이며, 여기에 오르면 하나님을 만날 수 있다. 아브라함이 먼저 이 산에 올랐고, 그 뒤를 이어 이삭이 올랐다. 아버지와 어머니가 올라가야 자녀들이 따른다. 이 산에서 하나님을 만나야 아브라함의 언약을 우리가 받을 수 있으며, 믿음의 가문을 버리지 않으시고 지키시는 섭리를 볼 수 있다. 이것이 믿음의 씨를 뿌리는 작업이다. 씨를 뿌리는 것은 훗날 아이들에게 열매로 나타나게 된다. 내가 뿌린 것이 부정적이고 율법적이며 판단적이면 반드시 아이들은 부정적이고 율법적이며 판단적인 사람이 된다. 내가 뿌린 것을 내가 거두는 가장 확실한 장소가 가정인 것이다.

새 언어로 시작하라

하나님의 믿음의 가문은 지금도 창조되고 있다. 그러면 똑같은 믿음의 가정이라도 특별한 축복을 경험하지 못하는 이유는 어디에 있을까? 믿음의 가문의 탄생은 오직 사랑으로 시작되어야 한다. 사랑은 믿음이며, 믿음이 담긴 사랑은 힘이다. 그리고 이 믿음은 자녀들에게 대물림된다. 그렇게 되면 요셉처럼 그 가지가 담장을 넘게 되는 것이다. 야곱의 가정은 처음부터 문제가 많은 3대째 신앙 가정이었다. 이처럼 오래된 신앙의 가정이 때로는 더 문제가 많을 수 있다. 주님이 주신 자유가 방종을 부르기도 하기 때문이다.

하나님은 요셉을 통하여 야곱의 가정을 회복하셨다. 즉 새로운 한 사람을 일으켜 가문의 영광을 회복시키신 것이다. 그 가정을 회복시키시는 힘은 말씀인데, 요셉에게는 남다른 약속이 있었다. 비록 꿈을 통한 계시였지만 그것은 장차 요셉에게 그의 부모와 형제까지 구원하게 될 운명적인 삶이 기다리고 있음을 보여주는 것이었다.

요셉이 다시 꿈을 꾸고 그의 형들에게 말하여 이르되 내가 또 꿈을 꾼즉 해와 달과 열한별이 내게 절하더이다 하니라 그가 그의 꿈을 아버지와 형들에게 말하매 아버지가 그를 꾸짖고 그에게 이르되 네가 꾼 꿈이 무엇이

■ 가족들에게 자신을 드러내는 요셉

냐 나와 네 어머니와 네 형들이 참으로 가서 땅에 엎드려 네게 절하겠느
냐 그의 형들은 시기하되 그의 아버지는 그 말을 간직해 두었더라(창세기
37:9~11)

17살의 요셉은 이 일로 인해 결국 형들의 시기와 질투를 받아 애굽
에 노예로 팔려갔다. 하지만 어떤 시련도 그 마음속에 이미 심어진 하
나님 사랑의 힘을 끊을 수 없었다. 하나님 사랑의 말씀과 믿음의 언어
는 절망을 희망으로, 고통을 기쁨으로 승화시켰다. 하나님의 새 언어
는 곧 사랑의 약속이다.

말씀은 검(劍)이다

목사, 장로, 교수, 대법관 등 믿음의 가문을 이루어 낸 이용수 장로
의 이야기는 말씀의 힘이 얼마나 무서운지를 보여준다. 이경직 목사
는 아펜젤러 선교사의 애제자로서 배재학당에서 수학했다. 1900년경
을사늑약으로 나라의 운명이 풍전등화에 놓였다. 전주 이씨 효령대군
의 16대 손인 이운붕의 집에선 온 가족이 모여 차례로 절을 하면서 제
사를 드리고 있는 중이었다. 종 2품의 벼슬아치였던 이운붕이 제사 문
제로 아들 이경직과 한바탕 소란을 피우고 있었다. 배재학당을 다니던
아들 경직이 제사를 드리지 않겠다고 버텼기 때문이다.

"아버님, 저는 이제 하나님을 믿는 신자로서 하나님 한 분 외에는 절
을 할 수 없습니다. 용서하여 주십시오."

"뭐? 조상님 제사상에 절을 올리지 않겠다고? 이런 천하의 불효막

심한 것을 보았나! 종아리 걷어!”

아직도 유교의 규율이 지엄하던 그 시절에는 군사부일체인 부모의 말을 거역한다는 것은 목숨을 버리는 것이나 다름없는데, 경직은 공맹의 말씀보다 예수님의 말씀을 택했던 것이다. 이 어찌 놀라운 일이 아닌가?

하나님의 말씀은 살아 있고 활력이 있어 좌우에 날선 어떤 검보다도 예리하여 혼과 영과 및 관절과 골수를 찔러 쪼개기까지 하며 또 마음의 생각과 뜻을 판단하나니(히브리서 4:12)

그날의 언쟁은 이경직의 종아리에 불이 나도록 혼나는 것으로 결말이 났지만, 전통 유교 가문에서 ‘예수쟁이’가 된 아들을 용납하기란 결

■ 1936년 회갑을 맞은 이경직 목사. 이 목사는 전주이씨 효령대군 16대손의 집안에서 3남으로 태어나 배재학당에 입학, 이승만 초대 대통령과 아펜젤러 선교사의 지도를 받았다. 오른쪽 사진은 전도부인으로 유명한 이메레 사모.

코 쉬운 일이 아니었다. 개화기 시류를 좇아 막내아들만큼은 신식 교육을 시키고자 배재학당에 보낸 것이 화근이었다. 배재학당을 통해 공부만 한 게 아니라 예수까지 믿어 제사를 드리지 않겠다고까지 하니 아버지로서는 기가 막힐 노릇이었다.

연변과기대 김순기 교수의 조사에 따르면 이경직이 기독교인이 된 것은 이십 세에 배재학당에서 이승만 등과 함께 아펜젤러 선교사로부터 기독교 교육을 받게 된 때부터였다고 한다. 이경직 목사의 후손들의 증언으로도 개종 때문에 부친의 모진 박해가 있었으나 굽히지 않고 신앙을 지켰다고 한다. 또 당시 선교사들에게 그의 신앙과 영어 능력 등을 인정받아 정동제일교회의 권사(exhorter) 1년급으로 전도사 직책을 받아 첫 목회를 시작하게 되었다. 그의 나이 25세 때였다.

한 알의 밀알로 떨어지다

「신학월보」에 따르면 1901년 당시 전도사 자격을 수여받은 전도자는 전국에 32명이었다. 그 중에 15명이 1년급 공부 전도사였다. 그 중에도 이경직 목사는 재능과 실력과 열심을 선교사들과 교인들에게 인정받았으며, 장래가 촉망되는 유능한 목회자였다. 그리고 당시 배재학당 학생들을 중심으로 형성된 협성회(協成會)와 독립협회 및 1899년부터 종로교회(중앙감리교회)를 중심으로 태동했던 황성기독청년회(YMCA) 활동에도 참여하여 이승만, 서재필, 이상재, 윤치호, 안창호, 신흥우 등과도 좋은 교분을 가지면서 나라의 독립과 사회 개혁을 위해 많은 기도를 했다.

공부를 마친 이경직 목사는 은사인 아펜젤러 선교사의 도움을 얻어 정식으로 신학 공부를 하고, 아펜젤러가 세운 정동제일교회에서 목회 인생을 시작하게 되었다. 그 후 동대문교회와 종로중앙교회에서 시무했다. 동대문교회 사역 시절에는 노동이민자의 신분으로 가족을 데리고 하와이행 이민선에 올라 선교사로 봉사하기도 했다. 6년 후 1912년에 다시 귀국하여 한국인으로서는 처음으로 종로교회의 설립자 아펜젤러 목사와 스웨어러(Swearer) 목사에 이어 부임하게 되었다. 당시는 소위 105인 사건으로 남감리교회 윤치호를 비롯한 105인의 교계 지도자들이 10~50년의 실형을 언도 받았고, 일제의 기독교 탄압과 고문이 날로 심화되어 가던 해였다. 이렇게 대외적으로 어려운 상황 속에서도 정동교회와 동대문교회에서 10여 년에 걸쳐 쌓은 목회 경험과 하와이 이민 선교사로서의 목회 경험을 되살려 사명감을 가지고 목회에 전념했다.

그러던 1917년에 이경직 목사는 과감히 목회직을 벗고 휴직을 하게 된다. 그리고 사도 바울처럼 자비량 전도인으로의 길을 가기로 결심하고 10남매나 되는 자녀들을 이끌고 북간도를 향해 떠났다. 북간도에서 이경직 목사는 한방의원으로 활약하는 한편, 대성중학

■ 이경직 목사의 사진을 든 이용수 장로

교의 영어 교사로 직업을 갖게 되었다. 그리고 그 많은 자녀들을 하나님의 은혜 아래에서 잘 키워냈다. 교회를 도울 뿐 아니라 복음을 전하고 그리스도의 사랑으로 이웃을 돕는 데에도 게을리하지 않았다. 10여년 이상을 북간도와 청진에서 보낸 뒤 가족을 이끌고 다시 서울에 와서는 중앙감리교회에서 가까운 인사동과 재동에서 한방의원을 운영했다. 그리고 영과 육의 병을 다 고치는 신실하고 이름 높은 의원으로 말년을 보냈다.

거의 모든 자녀들을 배재학당, 이화학교, 연희학교 등에서 공부하도록 가르쳤고, 그 밑으로는 4대에 걸쳐 240여 명의 후손을 두었다. 그

14 신앙 명문가의 자녀교육 노하우 06

목사, 장로, 교수, 대법관 등 신앙 명문가를 이룬 이경직 목사의 가문

노하우 1 교회를 돕고 복음을 전하고 그리스도의 사랑으로 이웃을 돕는 데 게을리하지 마라.

노하우 2 믿음을 지키는 일에 있어서는 결코 타협하지 마라.

노하우 3 편안한 삶을 추구하기보다는 그리스도를 위해 스스로 고난을 짊어지는 값진 선택을 하라.

중에는 목회자가 8명이고 장로만 9명이었다. 외손자 사위 김상원 전 대법관과 손자 이용수 장로(여의도순복음교회) 등이 대표적이다. 그 외에도 학자와 다양한 사회지도층이 배출되었다. 하지만 이런 놀라운 축복은 그냥 주어진 것이 아니라 믿음과 원칙을 지켜온 선조들의 노력 때문이었다. 비록 이경직 목사는 1968년 92세로 소천(召天)했지만, 이 땅에 분명한 빛을 남기고 갔을 뿐만 아니라 믿음의 가문을 일구어 낸 그의 가계는 주님의 약속처럼 영원까지 이어질 것이다.

사랑이 섬김을 가능케 한다

대구 남산교회를 조부부터 3대째 섬기고 있는 이철상 장로는 최근 그의 아들도 장로 임직을 받으면서 4대째 장로 집안이 되어 화제다. 이

■ 대구남산교회를 3대째 섬기는 이철상 장로. 최근 그의 아들도 장로 임직을 받으면서 4대째 장로 집안이 됐다.

철상 장로 가문의 가훈은 '신(信) · 망(望) · 애(愛)'다. 삶 가운데 항상 믿음과 소망을 가지고 이웃 사랑과 섬김을 실천하라는 의미다.

이철상 장로의 조부는 원래 신앙이 없었지만 청년 때 선교사를 통해 교회에 다니게 되었고, 기독교 정신으로 독립운동과 민족 계몽 활동을 했다. 그의 조부는 항상 자손들에게 '교회에서 500미터 이내에 살라'고 가르쳤다고 한다. 교

회 근처에 살아야 새벽기도와 예배를 드리기 쉽다는 이유에서였다.

이철상 장로는 "할아버지는 매우 용감한 분이셨으며, 그런 할아버지의 믿음 덕택에 장로가 됐다"고 회상했다. 그의 부친은 스스로 어리석을 우(愚) 자를 써서 우당(愚堂)이라는 호를 지을 만큼 순한 인물이었다. 또 음악을 좋아해 남산교회 성가대 지휘를 30년간 했다고 한다.

이철상 장로 또한 현재 대한내과병원 명예원장, 어린이전도협회 이사, 사회복지법인 가정복지회 대표이사, 대경시니어포럼 공동대표로 있다. 또한 국제 와이즈맨 아시아지역 총재, 대구 YWCA 이사장 등을 지냈다. 국민 복지 향상과 국가 발전에 기여한 공로로 국민훈장 동백장을 받기도 했다.

이철상 장로의 가문 역시 이러한 선조들의 가르침 덕에 순전한 신앙인으로 자라나게 되었다. 그러던 중 대학 시절 공수병 예방 접종을 맞다가 부작용으로 전신이 마비된 적이 있었다. 당시 의료진이 말하길 만약 산다고 해도 심각한 후유증으로 평생 고생하게 될 것이라고 했다. 그때 전 교인이 합심해서 기도하자 기적처럼 회복되어 하나님께 영광을 돌렸고, 그의 신앙은 더욱 굳건해졌다.

이철상 장로의 집안 구성원들 역시 모두 신실한 신앙인들이다. 아내인 배이순 장로는 남산교회의 첫 여성 장로이고, 경북여전도회연합회 회장과 작은자의집 운영위원장을 맡고 있다. 특히 현재 대구시 대한내과병원장으로 있는 4대 이수형 장로는 아버지가 늘 교회를 먼저 생각하고 다른 사람 돕는 것을 즐기는 모습을 보면서 자신도 힘들고 어려운 이웃과 장애인을 돌보는 삶을 저절로 하게 되었다고 고백한다.

1914년에 창립된 남산교회는 이제 곧 100주년을 맞게 되는데, 이철상 장로의 가문은 100년 가까이 집안 대대로 한 교회에서 봉사하는 가정이 되는 것이다.

사랑을 받고 자란 아이는 사랑을 하며, 칭찬을 받고 자란 아이는 칭찬을 한다. 사랑의 힘은 그만큼 강하다. 하나님의 사랑이 임한 가정은 사랑의 힘이 작용한다. 사랑의 힘은 곧 믿음의 힘이다. 믿음은 능력을 나타낸다. 그러므로 믿음의 가정은 사랑의 능력으로 지금도 세워져 가는 하나님의 나라인 것이다.

14 신앙 명문가의 자녀교육 노하우 07

4대째 장로 집안이 되어 한 교회를 섬기는 이철상 장로의 가문

노하우 1 삶 가운데 항상 믿음과 소망을 가지고 사랑과 섬김을 실천하라.

노하우 2 늘 교회에서 500미터 이내에 살아야 새벽기도와 예배를 드리기 쉽다.

노하우 3 교회를 먼저 생각하고 다른 사람들을 돕는 것을 즐겨라.

노하우 4 늘 자녀들을 사랑해 주고 칭찬해 주면서 가정이 사랑의 힘으로 세워지는 하나님 나라가 되도록 하라.

담장을 넘은 무성한 가지같이

천사보다 조금 못하게 하시고

사람이 무엇이관대 주께서 저를 생각하시며

인자가 무엇이관대 저를 권고하시나이까

저를 천사보다 조금 못하게 하시고

영화와 존귀로 관을 씌우셨나이다(시편 8:4~5)

물리적인 크기로 보자면 인간은 보잘것없는 존재에 불과하다. 인간은 우주에서도 거의 눈에 띄지 않으며, 한 줌의 먼지에 지나지 않는다. 하지만 영적인 중요성에 있어서는 위엄 있는 존재다. 그리고 결정적으로 우리가 천사와 다른 점은 우리에게 생산의 능력을 주셔서 자녀를 낳아 사랑으로 기를 수 있다는 것이다. 우리가 생산의 능력이 있기 때문에 이 땅에 여자의 후손으로 예수님이 오시는 것이다. 인간은 하나님의 창조 목적을 따라 살아가므로 영광스럽고 위엄 있는 존재다.

그래서 우리는 자녀들을 향하여 이 기도를 가르쳐야 한다.

오! 하나님 아버지, 하늘을 바라보며 저희들의 나약함을 깨닫습니다. 우리는 하나님의 창조 세계 가운데 너무도 미미한 존재일 뿐입니다. 하지만 아버지의 말씀을 들으며 한없는 긍지를 맛봅니다. 우리는 너무나도 영광스러운 하나님의 자녀이기 때문입니다. 우리에게 자녀를 생산할 수 있는 축복을 주셔서 하나님 나라의 백성들을 낳고 생산하게 하시니 감사합니다. 우리가 아니라면 하나님 나라가 완성될 수 없으니 감사합니다. 생육하고 번성하여 하나님 나라의 백성들을 많이 기르게 해주세요. 예수님의 이름으로 기도합니다. 아멘.

번성의 축복

찬송가 508장에 보면 천사도 우리를 부러워한다는 가사가 있다.

우리가 지금은 나그네 되어도 화려한 천국에 머잖아 가리니 / 이 세상 있을 때 주 예수 위하여 끝까지 힘써 일하세 / 주 내게 부탁하신 일 천사도 흠모하겠네 / 화목케 하라신 구주의 말씀을 온 세상 널리 전하세

천사가 흠모할 이유가 무엇일까? 생산할 수 있는 축복과 전도할 수 있는 축복이다. 그 때문에 주님도 우리와 같은 육신을 입으시고 성육

신 하신 것이다. 그러므로 하나님이 주신 이 생육과 번성의 축복을 하나님께 주장해야 한다.

필자가 어릴 때 집 뒤편 담벼락엔 큰 감나무가 서 있었다. 무성한 가지와 나뭇잎은 여름엔 시원한 그늘을 만들어주어 동네 사람들에게 휴식 공간을 제공했다. 그리고 가을이 되면 주렁주렁 주황색 감이 달려 온 동네 사람들에게 풍성한 먹을거리를 나누어주었다. 또 겨울이 되면 불필요한 가지는 잘라서 땔감으로 사용했다. 그 큰 감나무도 처음엔 작은 씨앗으로 심겼을 것이라고 생각하면서 어릴 적엔 '나도 저 나무처럼 얼른 자라야지' 하는 생각을 하곤 했었다. 창세기의 요셉은 그런 감나무처럼 '담장을 넘은 무성한 가지'였다.

요셉은 무성한 가지 곧 샘 곁의 무성한 가지라 그 가지가 담을 넘었도다(창세기 49:22)

여기서 담장을 넘은 무성한 가지는 자신의 영역을 넘어 더 큰 역할을 한다는 의미다. 요셉은 한 가문이라는 범위를 넘어 기근에 처한 대제국 이집트의 위기를 해결해 주었을 뿐 아니라 주변 국가들의 어려움도 함께 극복시켜 줌으로써 전 세계적 영향력을 발휘한 위대한 인물이 되었다.

하나님이 한 가정을 믿음으로 부르시는 목적은 자신의 울타리 안에 갇혀 하나님의 큰 비전을 보지 못하는 사람들에게 세계 비전을 부어 주시려는 것이다. 이것은 인생 최대의 사건이다. 필자 역시 김해 김 씨

84대 손으로 집안에서는 종손이었다. 모시던 제사만도 10개가 넘었다. 하지만 신학을 하고 목사가 된다고 선포했을 때 작은 어머니와 나이 많으신 누님은 담임목사를 찾아가 삿대질하면서 따지기까지 했을 정도니 얼마나 핍박이 심했겠는가? 하지만 하나님은 필자에게 비전을 부어주셨다. 그리고 복의 근원이 되리라고 약속하셨다. 그 약속은 서서히 실현되어 벌써 세 자녀들의 출가를 앞두고 있다.

쏜 화살도 피하는 가지

요셉의 담장을 넘은 무성한 가지는 극심한 고난 속에서 핀 아름다운 결실이다. 야곱은 후일 축복의 기도를 할 때 "활 쏘는 자가 그를 학대하며 적개심을 가지고 그를 쏘았으나"(창세기 49:23)라고 표현했다. 요셉은 두 차례의 크고 고된 시련을 겪었다. 하나는 형들에게 인신매매를 당해 노예로 팔려간 것이고, 다른 하나는 보디발의 부인에게 무고하게 성폭력범으로 고발되어 감옥에 갇힌 것이다. 요셉이 당한 고난은 절망으로 이어질 수 있었다. 그러나 그때마다 하나님의 은혜와 도우심으로 잘 극복할 수 있었다.

그리고 어릴 적 하나님이 보여주신 환상과 비전을 이룰 수 있었다. 그의 역할은 위기에 빠진 믿음의 가문을 지키고 보호하는 것이었다. 건축자의 버린 돌이 성전의 모퉁이돌이 된 예수님처럼 요셉은 하나님의 집을 세우는 든든한 기초가 되었다. 우리 모두는 하나님의 가족으로 하나님의 가문을 든든히 세울 책임이 있는 것이다.

요셉의 가지가 샘 곁에 심겨졌다는 것은 기후에 상관없이 그 나무의

잎이 청청하고 마르지 않는 축복을 받았음을 의미한다. 샘 근원이 마르지 않는 한 요셉의 나무는 기후의 영향을 받지 않기 때문이다. 이러한 축복에 대해 예레미야 선지자는 다음과 같이 노래하고 있다.

따라서 요셉의 무성한 가지는 승리가 보장된 가지다. 무성하다는 말에서 알 수 있듯이 이 가지는 담장을 넘어서고 경계를 뛰어넘는 놀라운 성장과 형통을 의미한다. 담장이란 일종의 경계선이며, 사람들의 상식의 범주를 말한다. 그런데 요셉의 가지는 그러한 경계와 울타리를 뛰어넘어 이웃의 영역에까지 진출했다. 하나님은 대적자보다 요셉의 팔에 더 큰 힘을 실어주신 것이다. 때문에 요셉의 화살이 오히려 적의 심장을 꿰뚫게 된다.

또한 요셉의 무성한 가지는 이웃들에게 하나님의 풍성함을 나누어주는 가지다. 담장을 넘은 요셉의 가지는 다른 대적들처럼 침략과 공격으로 자신의 욕심을 넓히는 것이 아니다. 반대로 하나님의 사랑과 축복을 나누어주는 사랑의 영향력 확대를 뜻한다. 실제 요셉의 생애에서 이러한 일들이 다반사로 일어났다. 옥에 갇혔을 때는 요셉이 전옥(典獄)에게 은혜를 베풀었고, 떡과 술을 맡은 관원장들의 꿈을 해몽해주므로 그들에게 은혜를 베풀기도 했다. 궁극적으로는 7년 흉년 때 애굽을 구원하는 유익을 베풀었다(창세기 47:25). 결국 요셉은 자신의 삶을 통해 온 애굽과 세상을 살리는 구원의 가지가 된 것이다.

하나님의 가족이 되는 축복

요셉에게 중요한 또 하나의 샘이 있었다. 그것은 하나님께서 아브라함에게 약속하신 가나안 땅이었다. 총리대신이 되긴 했지만, 요셉의 마음속에는 짐이 있었다. 자신을 미리 애굽으로 보내어 자기 동족을 구원한 하나님의 섭리를 깨달았기에 늘 가나안에 대한 믿음이 있었다. 그래서 요셉은 마지막 유언에서까지 출애굽 때에 자신의 유골을 가나안 땅으로 가져가라고 부탁했던 것이다(창세기 50:24~25). 충분히 자손만대에 걸쳐 그의 후손들도 이집트의 실권자로서 영화를 누리고 살 수 있었다. 그럼에도 그는 애굽은 잠시 머물 곳이요, 영원히 살 곳은 가나안이라는 믿음을 가지고 있었다. 이것이 요셉의 샘이었다. 즉 이집트라는 세속의 물결에 휩싸이지 않고 하나님이 공급하시는 맑은 물을 계속하여 마신다는 상징적인 의미를 가지는 것이다.

우리의 자녀들이 세상에서 변질되지 않고 바른 방향을 유지하며 살아갈 수 있는 유일한 길은 하나님의 약속을 믿는 믿음이다. 이것은 하나님이 나를 축복하심이 내 가문만이 아니라 하나님의 모든 가족, 즉 세상과 열방을 주께로 돌아오게 하는 비전에 사로잡히게 될 때 그때 하나님의 샘 곁에 심기어져 시절을 좇아 열매를 맺으며 그 가지가 담장을 넘어 온 땅으로 퍼지는 축복이 임하는 것이다.

임시정부와 현순 목사

이경직 목사와 동 시대를 살면서 복음을 듣고 주께 돌아와 새로운 가문을 이룬 또 한 명의 목사가 있다. 현순 목사는 1880년 2월 28일 서울에서 대대로 내려오는 외교관 가문의 아들로 태어났다. 그의 가계로 올라가보면 조선조에서 11대에 걸쳐 사역원의 관리로 내려왔다. 그 가운데 현순의 자부인 현일은 대원군의 조언자로 있었고, 그의 아버지인 현제창은 구한말 정부 관료로 있으면서 서재필이 세운 독립협회에 참여해서 총대위원, 대의원 및 평의원으로 있었다.

이 독립협회의 세력이 점점 커지자 이를 두려워한 당시 열강들(러시아와 일본)이 미국과 고종을 각각 설득해서 1898년 서재필을 미국으로 추방했다. 그리고 그와 같이했던 독립협회의 지도자들이 체포·구금될 때 그의 아버지도 독립협회 대표 17명중 한 사람으로 투옥되어 사형 언도를 받았다. 그는 이러한 가문에서 출생했기 때문에 개화정신이 남보다 투철해 1899년 나라를 위하는 길은 신학문을 배우는 길이라고 결심했고, 일본으로 건너가 대학에 들어갔다. 거기서 공부하던 중 그는 주님의 말씀을 들었다. 한 말씀이 그의 생애를 뒤흔들었으니 그로 인해 1901년 침례교 선교사 휘세 목사에게 세례를 받게 되었다. 또 '공자는 윤리와 도

■ 대한민국 임시정부 외무차장을 역임했던 현순 목사

덕 정치를 가르치고, 부처는 전생과 현생 그리고 이생의 삼생을 가르치지만 기독교는 영생을 가르친다'고 생각되어 그리스도를 영접했다. 그 후 1902년 그 학교를 졸업하고는 과학을 더 공부하고 싶었으나 집안의 사정으로 곧 귀국했다. 하지만 근대 교육을 받고 돌아왔어도 마땅한 일자리를 구할 수 없었다.

그런데 우연히 신문 광고에서 하와이 설탕 농장의 일꾼을 모집한다는 동서개발회사의 광고를 접하게 되었다. 곧장 이 회사에 들어가 가족 모두와 함께 이민선을 탔는데, 1903년 2월 2일에 출발했다. 하와이에서 현순은 오하후도와 가후구와 일루아에 처음으로 감리교회를 세우고 1904년부터 김병식, 홍치범, 문답호, 이경직과 함께 전도사로 일했으며, 한편으로는 윤병구와 함께 하와이 선교사 와드맨의 통역을 맡기도 했다. 1906년 1월에는 하와이감리교회의 역사적인 연회를 호놀루루 항에서 해밀턴 감독의 사회로 개최하게 되었는데, 현순은 김영석, 민찬호, 이경직, 홍치범과 함께 연회 목사반에 들어갔다. 그는 이렇게 교회 사역에 헌신하면서 교육 사역에도 열심이었다. 현순은 또 호놀룰루항에서 미국인 의사 짐프 씨의 부인과 협의해 야간 학교를 설립했고, 항구 안에 있는 청년 노동자 20여 명에게 영어를 가르쳐 그들의 이민생활을 도왔다.

한국의 빌리

1907년 5월, 한국의 일자리까지 마련해 주면서 고국에 돌아가 일해 보라는 해밀턴 감독의 권유로 현순은 3명의 자녀와 함께 4년 만에 귀국했다. 돌아오자마자 그 해 9월부터 배재학당 교감으로 들어가 영어, 수학, 과학, 역사 등 많은 과목을 가르쳤다. 밤이면 야학을 운영했고, 주일마다 정기적으로 YMCA에서 설교도 했다. 그 외 정동교회를 비롯한 여러 교회들에서도 초대되어 설교를 했다. 그런데 그의 설교는 항상 감동적이었으며, 그의 설교를 들으러 수천 명이 도시 전역으로부터 모여들곤 했다. 이러한 반응 때문에 아예 전도 사업에 투신하기로 결심하고 협성신학교에 입학했다. 그리고 1908년에는 '집사 목사' 안수를 받고 부목사로 정동교회에서 최병헌 목사와 함께 시무했으며, 1909년에는 서울 서부지역을 담당하는 전도 목사가 되었고, 1911년에는 협성신학교를 제1회로 졸업하고 1912년 '장로 목사'로 안수를 받았다. 그리고는 같은 해에는 부목사로 전덕기 목사와 함께 상동교회에서, 1914년에는 최병헌 목사 후임으로 1년간 정동교회에서 시무했다. 그 후 1919년 상해로 망명하게 되면서 휴직될 때까지 주일학교 사업에 종사했다. 즉 1914년부터 1916년까지 주일학교 총무, 1917년에는 주일학교 간사, 1918년에는 주일학교 순행인으로 일했다. 그는 또 주일학교 운동가만이 아니라 부흥 운동가이기도 했다. 1917년 연회보고서에는 "상제께서 전도하는 능력까지 은사하신

■ 대한민국 임시정부 설립의 산파였던 현순 목사의 막내아들 데이비드 현

고로”라고 언급되어 있다. 실제로 1908년 미국에서 돌아오자마자 두각을 나타내기 시작하여 그를 두고 한국의 빌리 선데이라고 부르기도 했다.

독립 혁명가로 상해에서

1919년 독립운동을 한참 계획하던 2월 21일 밤 이갑성의 집에서 모의에 참가하면서부터 현순의 독립운동이 시작되었다. 그날 각 지역 연락 책임자를 선정하는 가운데 그는 상해로 결정되었다. 이러한 결정은 그의 역할이 단순한 연락이 아니라 그보다 차원이 높은 외교였음을 말해 주는 대목이다. 그는 조선조 11대째 내려온 외교가 가문의 재량을 십분 발휘하기에 이르렀다. 그뿐 아니라 이제부터는 혁명가의 한 사람으로 독립운동에 임하게 되었다. 그는 왜 기독교를 선택했느냐라는 물음에 대해 “부처보다 예수가 더 투쟁적이기 때문이다”라고 답하기도 했다.

현순은 삼일운동이 일어나기 전에 떠나 만주를 거쳐 상해에 3월 1일경 도착했다. 그리고 국내에서 전해 온 독립탄원서와 선언서를 이장수와 함께 영어로 번역하여 미국 대통령과 평화회의의 각국 대표에게 보냈다. 그 후 정식으로 임시정부가 수립되자 외무부 차장으로 선임되었고, 임시정부의 외무위원을 거쳐 대한적십자회 상의원 임시정부, 내무차장을 역임했다. 1919년 9월 2일에는 노령 지역으로 가서 이동휘를 상해로 데려옴으로써 그동안 흩어졌던 독립운동 단체들을 상해임시정부로 끌어들이는 데 큰 공헌을 하기도 했다. 현순 목사야말로 상해임시정부를 시작부터 공고히 다져낸 공로자라고 할 수 있다.

또한 상해임시정부의 전권대사로 미국 지역 독립운동가들과의 갈등을 조정하기도 했고, 상해임시정부의 재정을 모금할 목적으로 모스크바를 다녀오기도 했다. 1931년에는 또다시 정치 운동에 뛰어들어 임시정부를 지원할 목적으로 하와이 교민들을 규합해 단합회를 조직했고, 1937년에는 임시정부에 의해 하와이 선유위원으로 임명되어 독립운동을 계속했다.

현순은 1963년 정부로부터 건국공로훈장 국민장을 받았으며, 1968년 로스앤젤레스에서 89세로 소천하자 한국 정부의 요청으로 1975년에 그의 유해가 국립묘지에 안장되었다.

대의를 가르치라

현순 목사에게는 8남매가 있었다. 그 아이들도 아버지와 함께 망명의 길에 올랐다. 한국에서의 삶도 그리 넉넉치 않았지만 상해임시정부 시절의 삶은 더욱 어려웠다. 하지만 자녀들이 그곳에서 보고 배운 것이 무엇이겠는가? 바로 대의(大義)라는 것이다. 「동아일보」의 1920년 4월 27일자 기사에 현순 목사 가족의 이야기가 실렸다. 내용을 보면 이렇다.

「참혹한 현 목사 가족」

일족이 우리 종교계와 교육계에만 혼 공헌이 있든 목사 현순 씨는 우연히 작년 삼월 조선에 독립운동이 일어나기 전 십여 일을 앞두고 강원도 방면으로 전도를 나간다. 집안의 사람에게 부탁하고 종적이 묘연하게 되었다. 그 후로 세상 일은 날로 변하야 삼월 일일의 만세소동이 있은 후로 온 조선 안은 물 끓듯이 소란했으니, 그러나 조선을 떠나 멀리 해외로 나간 사람들의 소식은 여전히 묘연했는데 집에서 전도한다고 떠나간 현순 씨는 그 후 중국 상해 방면에 있단 말이 각 신문에 보도되었다.

넉넉지 못한 살림으로 겨우 교회와 학교에서 나는 몇 푼의 봉급으로 근근한 생활을 유지하든 터이요. 더욱 목사는 자녀가 팔남매나 되고 위로는 늙은 부모가 있는지라 주인을 잃은 이 불쌍한 사람들을 세상에 어느 사람이 있어 돌아 보아주리요. 그 부인은 남편이 상해에 간 줄은 꿈에도 생각하지 않고 강원도에 전도를 났으니까 미구에 들어오려니만 믿고 있었다.

그러나 한번 조선을 떠나간 현 목사는 다시 도라 오지 못할 형편이 되고 그의 가족은 몰려오는 생활난에 차마 견딜 수 없는 무한한 고생을 하여가며 어림없고 세상 물정 모르는 그의 부인 그래도 돌아올 수가 있으려니만 믿고 날마다 밤마다 남편의 돌아오기만 기다리는데 과연 그의 가족과 부인의 지내간 형편은 자기다 당하여 보지 아니하면 헤아려 알 수 없는 것이라. 낮이면 낮이 길고 밤이면 밤이 길게 기다리는 현 목사 돌아오지 아니하고 흐르는 물 같은 세월은 덧없이 지나가 현 목사가 고국을 떠난 지 장장 일 년이 되었는데 하루 한 끼 죽도 얻어먹지 못하는 그의 가족들은 그 동안 할 수 없이 현 목사 조선에 있을 때에 장만했든 오막살이 초가집이나마 팔아서 하루 한 끼조차 쌀겨와 밀가루 죽으로 연명을 하기에 다 없어지고 변변치 못하든 세간붙이도 낱낱이 잡혀 먹노라니 세상의 무정함을 한탄하는 그 본인은 얼마나 더운 눈물을 흘리었으리요.

이렇게 지루하게 신산스럽게 지내는 동안 향자 중국 북경에서 열린 동양선교사대회에 조선서도 여러 선교사가 다수히 출석했는데, 지금 미국으로 귀국한 일본인 기독교교회 선교사로 있든 스미스 군이 그곳에서 현 목사를 만나보고 지금 가족들의 곤란한 이야기하매 현씨는 그러면 어떻든지 가족들을 다나에게 오게 했으면 어떠하냐함으로 스미스는 즉시 승낙하고 나와서 총독부에 운동한 결과 여행권이 내리며 금월 삼실 일에 상해가는 길에 떠나게 되었다.

그러나 이미 집과 세간을 다 잡혀먹고 남의 곁방에 있는 그의 부인이었기에 여비를 마련할 수 있으리요. 남아있는 세간을 전부 판대야 가는 여비 반이 채 되지 못한다하니 세상에 누가 있어 그 불쌍한 사람을 위하여 도와주리요, 아래 동생이 오막사리 초가집 곁방으로 그의 부인을 방문했다. 나이 사십이 넘어 보이고 얼굴의 주름살만 휘잡힌 그 부인은 맨발로 무슨 일을 분주히 하다가 들어와 기자의 말을 듣고 이렇게 대답했다.

"네 목사께서 작년 이월에 강원도로 지방전도를 가신다고 하길래 집에서야 누가 해외로 나가신 줄 알았습니까. 이제나 오실까 저제나 오실까 밤낮을 두고 기다리니 어찌 오시지는 않고 살수는 없어 하루 이틀 기다리는 중 풍편(風便)으로 상해에 게신 줄 알았습니다.

그 동안에 살아가느라 그 잘난 오막살이 초가집이나마 팔아 없애고 변변치 못한 세간도 모두 다 팔아서 좁쌀과 밀가루로 세월을 보냈습니다. 위로 시부모가 계시고 어린 것들이 팔남매나 되니까 하루 한 끼라도 끊이지 않을 수는 없고 참 막막한 때가 많았습니다. 그래서 어찌하면 좋을지 모르던 터에 저번 북경선교사대회에 스미스 씨가 갔다가 현 목사를 만나보고 아무려나 이리도 오라함으로 죽으나 사나 가보려고 합니다. 가서 지금 무엇을 하고 계신지는 모르겠습니다. 그런데 곤란한 것이 가기는 가야 하겠는데 수중에 돈 한 푼 없고 여비를 변통하려니까 나머지 세간을 다 판대야 가는 여비 반절도 못되나 봅니다. 날자는 오는 삼십일에 떠나기로 작정되었습니다

한국의 빌리 선데이 현순 목사의 가문

노하우 1 자녀에게 하나님과 나라와 국가를 위한 대의명분을 가르쳐라.

노하우 2 부유하고 평탄한 삶보다 자녀에게 주어야 할 것은 삶으로 보여주는 부모라는 교과서다.

노하우 3 고단하고 어려운 삶 가운데에서도 믿음의 자녀로서의 의연함을 잃지 마라.

만은…."

그렇게 대답하는 그 얼굴에는 비장한 기색이 차마 감추지 못하더라.

고단하고 어려운 하루하루의 삶 속에서도 아버지가 보여주고 어머니가 보여준 의연한 삶은 자녀들에게 각인이 되고 직계후손뿐 아니라 이 민족에게도 큰 이정표를 만들어 주었다. 이들이야말로 하나님 나라의 자랑스러운 가족이 아닐까 싶다. 요셉이 가진 이 세 가지의 믿음을 가진 가문은 샘물가에 심겨진 나무와 같이 가지가 담장을 넘어가 세상을 살리고 구원하는 일에 쓰임을 받을 것이다.

예수님을 전달하는 가문

인애가 풍성하신 하나님

믿음의 가문이란 한마디로 말해 예수님이 오시도록 하는 가문이다. 왜 요셉이 하나님의 가족사에서 중요한 가문인가? 그 이유는 야곱의 가문으로 예수님이 오시기 때문이었다. 만약 우리 가문이 믿음의 가문이라고 하면서 예수님이 이 땅에 오시게 하는 일에 소홀하다면 그 가문은 믿음의 가문으로 이어지지 않을 것이다.

5채의 한방병원과 노인전문병원, 그리고 3개의 노인복지시설을 운영하면서 500여 명의 직원을 둔 장로가 있다. 3대째 한의사를 하는 집안에서 30만 명을 무료로 진료할 뿐 아니라 지금도 1주일에 6일을 진료하는 한의사이기도 하다. 목사를 8명이나 배출하고 30명의 장로가 있는 기독교 집안에서 자라 뼛속까지 기독교인이기도 하다.

하지만 스스로 고백하기를, "이런 것은 모두 껍데기에 불과하다. 나는 그저 상처 많고 허물 많은 한 사람의 죄인이자 하나님의 은혜로 용서 받은 인간일 뿐이다. 남들이 보기에는 어떨지 몰라도 내세울 것은 별로 없고 오히려 털어놓고 말하기도 부끄러운 일이 많은 인생이었다"라고 자신을 낮추는 사람이다.

김덕호 장로는 경북 영주시 장수면 성곡리에서 자랐다. 성곡리는 '별고을'이라는 뜻이다. 그야말로 별 볼 일밖에 없는 두메산골이었다. 그의 집은 동네에서도 제일 산 쪽으로 있는 외딴집이었다. 무려 120여 년 전에 건축된 기와집이었는데, 방만 30칸이었다고 한다. 산 중턱에서 바라보면 맑은 날에는 멀리 영주 시내의 불빛이 은은하게 보였고, 모교회인 성곡교회가 한눈에 들어왔다.

그 교회의 장로였던 조부는 한의사였다. 할아버지에게 진찰을 받고 약을 지으려는 사람들이 밤낮 없이 집을 드나들었다. 할아버지는 돈이

■ 김덕호 이사장은 고향인 경북 영주의 약초원을 가꾸며 자녀들에게 생명의 소중함과 가문의 뿌리를 가르쳤다.

없는 환자도 박대하지 않았고 동네의 어려운 사람들도 많이 도와주어서 존경을 받았다. 요즘에도 영주에 가면 "김 박사 조부님께 많은 은혜를 받았다"라고 말하는 사람들이 있을 정도다.

할아버지는 어린 김 장로를 새벽 일찍부터 깨워 성경과 한학을 가르쳤다. 잠이 부족해 눈을 비비기라도 하면 찬물로 세수하고 오라고 내쫓으셨다. 「천자문」부터 시작해 「계몽편」 「명심보감」 「고문진보」 「사략」 「격몽요결」 등을 외워야 했다. 할아버지가 바쁘신 날에는 저녁에 열리는 서당에서 동네 형들 틈에 끼여서라도 공부했다. 그러지 않으면 불호령이 떨어졌고, 꾸물대면 회초리가 기다렸다. 호랑이 같은 할아버지가 밉기도 했다.

믿음의 눈을 뜰 때까지

김 장로 집안이 크다 보니 농사일은 끝이 없었다. 더운 여름날 웃통을 벗고 보리 타작을 하다 보면 까칠까칠한 까끄라기가 온몸에 들러붙어 따갑고 가려워 미칠 지경이었다. 똥지게를 지고 가다가 자칫 잘못하면 뒤집어쓰기도 했다. 수시로 풀을 뽑아도 돌아서면 잡초가 나 있었다. 때론 약초를 작두로 써는 일도 해야 했다.

인생에서 첫 시련이 닥친 것은 초등학교 3학년 때였다. 학교를 마치고 터덜터덜 집으로 들어서는데 시끄러운 소리가 들렸다. 어머니가 어떤 아주머니와 언성을 높이며 싸우고 있었다. 옆에 앉아 있는 아버지는 별말을 못하고 지켜보고만 있었다. 할머니께 여쭤보았다.

"할매, 저 아지매는 누군데 엄마하고 저래쌌니껴?"

"덕호야. 아지매가 아니고 저 여자도 니 엄마데이."

이게 무슨 소리인가? 자신에게 엄마가 2명이라니…. 아버지가 어머니와 결혼하기 전에 다른 여자와 결혼을 했었다는 것이다. 김 장로의 집은 영주에서도 소문난 기독교인 집안에다 할아버지는 동네 서당의 훈장이 아니신가? 이런 집안의 아버지에게 2명의 아내가 있다니 이해가 안 됐다. 혼란스럽기만 했다.

'영주 어머니'로 불린 그분은 시시때때로 찾아와 어머니더러 나가라고 소리쳤다. 때로는 험악한 싸움으로 번지기도 했고, 그럴 때마다 집안이 뒤집어졌다. 자초지종은 여러 해 뒤에야 알게 됐다. 영주 어머니는 아버지의 첫 아내였다. 시집온 지 얼마 되지 않아 병이 났다. 할머니 말씀에 따르면 영주 어머니의 친가에는 만성 피부병 환자가 있었다는데 비슷한 증상이었다. 지금은 여러 가지 치료법이 개발되었지만 당시만 해도 백반증이나 한센병 같은 피부 질환은 난치병이었다. 더구나

■ 조부 김성환 장로와 함께한 김덕호 이사장. 두 사람은 조손지간을 넘어 신앙인이자 한의사로서 경험과 비전을 나누었다.

한의원을 하는 집안에 피부병 환자가 있기에는 불편했다. 할머니는 깜짝 놀랐고, 영주 어머니도 자의반 타의반으로 친정으로 돌아갔다고 한다. 그 뒤에 어머니가 시집을 오셨고, 김 장로가 태어난 것이다.

이런 내막을 알고 난 뒤에야 이해가 되었지만, 그건 뒷날의 일이었다. 당시는 앞뒤 사정도 모르는 데다 사리분별도 안 될 때였다. 그냥 모든 것이 할아버지 탓이라고 생각했다.

아버지는 할아버지 앞에서 꼼짝을 못했다. 용돈도 아버지가 아니라 할아버지에게서 받아야 했다. 그런 아버지가 때로는 불쌍했다. '나라도 열심히 돈 벌어 호강시켜 드려야지' 하고 다짐하면서 혼자 눈물을 훔치기도 했단다.

거꾸러져도 넘어지지 않으며

김 장로는 그 일로 인해 두 번이나 자살 충동을 느껴 실행에 옮겼다. 하지만 그때마다 성령의 강권적인 간섭으로 가까스로 살아났다. 죽기 살기의 마음으로 어느날 부흥회에 참석했는데, 그 부흥회에서 김 장로는 은혜를 받아 변화되었다. 부흥회에 참석하는 동안 다섯 끼를 굶었다. 그 동안 먹은 것이라고는 고구마뿐이었지만, 머리는 오히려 더 맑아졌다. 분명히 맥이 빠진 상태임에도 알지 못하는 힘으로 버티고 있는 것 같았다.

기도를 하는데 '살아 있다는 것이 얼마나 감사한가'라는 생각이 몰려왔다. 그때 목사님이 강단에서 이렇게 말했다.

"김덕호 학생이 '은혜를 간절히 사모합니다'라는 제목으로 감사헌금을 했습니다. 김덕호 학생이 누군지 일어나 보시오.”

김 장로는 순간 벌떡 일어났다. 목사님은 “덕호 학생은 방언, 통역, 예언에 가르치는 은사는 물론 특별히 신유의 은사가 강력하게 임할 터이니 바짝 매달리세요”라고 했다. 김 장로는 순간적으로 “아멘” 하고 크게 외쳤고, 그 자리에 있던 온 교인들이 다같이 “아멘”으로 화답해 주었다. 김 장로는 그때 감사헌금을 하지 않았다고 한다. 누군가 그를 대신해 감사헌금을 냈던 것인데, 지금도 누구인지 알지 못한다.

목사님의 설교가 시작되었고, 조지 뮬러 이야기를 하셨다.

어린 시절 방황했던 조지 뮬러는 20세 때 주님을 영접하고 평생 고아원을 섬겼다. 모든 것을 나누었기에 말년에는 쪼들렸지만 오히려 하나님께 더 무릎을 꿇었다고 했다. 세상의 권세와 명예, 재물을 다 버리고 더 많은 사람들에게 하나님의 사랑이라는 유산을 남긴 그의 이야기가 불을 지폈다.

'나도 100여 년 전 이 믿음의 선배처럼 살게 해 주십시오.'

조지 뮬러가 만난 그 하나님을 만나고 싶었던 것이다.

'하나님, 고통에 빠져 헤매다 막다른 골목에 처한 이 김덕호를 사랑하십니까? 내 평생을 맡길 하나님은 어디 계십니까? 진정 이 구덩이에서 건져주신다면 나의 모든 것을 드리겠습니다.'

어느 때와는 다르게 기도가 술술 이어졌다. 마음속에 있던 의심이 어느새 사라지고 있었다.

'비록 지금은 아무것도 가진 것이 없지만 선하게 인도해 주시는 길을 따라 순종하겠습니다. 새롭게 하소서. 저의 미래를 보여주소서.'

기도를 하는데 가슴이 뜨거워졌고, 눈물이 저절로 흘러내렸다. 얼굴도 화끈거렸다. 심장이 뛰었다. 어떻게 할 줄 몰랐고, 몸이 떨렸다. 뜨거운 열기가 배 깊숙한 곳에서 배꼽으로 솟구치는 것 같았다.

그후 김 장로는 의대를 가기로 결심하고 시험을 준비했다. 시험을 앞두고는 아예 벽에다가 각오를 써붙여 놓았다.

불 같이 살게 하소서. 나를 태워 남은 재를 하나님이 사랑하시는 이웃을 향해 드려서 거름이 되게 해 주십시오.

전기는 서울대 의대, 후기는 경희대 한의대를 선택했다. 당시 한의대는 경희대뿐이었고, 정원은 40명이었다. 전기 시험에선 수학이 조금 어렵다고 느꼈는데, 결국 낙방했다. 후기 시험을 치르던 날은 눈이 많이 왔었다. 시험 당일 청량리 동도교회에서 새벽기도를 드렸는데, 마음이 평안했다. 결국 기분 좋게 합격했다.

"의인의 자녀가 주린 법이 없다"는 말씀처럼 할아버지와 아버지의 기도가 오늘의 김 장로가 있게 했다는 것을 깨달은 것은 시험에 합격한 이후였다. 김 장로는 어린 시절 눈앞에 보이는 것만 보면서 할아버지를 미워하고 원망했다. 가정의 불화도 문제였지만, 새벽마다 깨워 글을 가르치고 혼내시고 용돈은 주지 않으면서 남들을 돕는 일이나 교회 일에는 큰돈을 선뜻 내놓는 모습도 불만이었다.

김 장로는 고등학생 때 거듭남을 체험한 뒤에야 할아버지를 이해할 수 있었다. 할아버지는 모든 복의 근원을 하나님으로 인정하면서 재물과 재능은 단지 하나님이 주신 것을 관리하는 것으로 여기는 청지기적인 삶을 실천하신 것이었다. 또 나누면 나눌수록 마르지 않는 샘처럼 넉넉한 할아버지의 뒷모습을 기억하게 되었다.

믿음의 유산

자녀에게 물려줄 수 있는 최고의 유산은 누가 뭐래도 믿음의 유산이다. 김 장로의 할아버지는 9살 때 외국인 선교사에게 복음을 듣고 예수를 구주로 받아들였다. 이미 가세가 기울어 있었고 나라도 망해갈 때였다. 설상가상으로 형까지 잃고 어린 나이에 집안을 짊어져야 했다.

할아버지는 독학으로 한학과 한의학을 익히셨다. 조선시대에는 한학을 공부한 유생이 일정 기간 한의원에서 훈련과 교육을 받고 나서 시험에 합격하면 의원을 열 수 있었다. 하지만 강대국이 들어오고 조정이 힘을 잃으면서 보건제도도 혼란해졌다. 일제는 한민족의 얼과 혼을 말살하려는 정책의 일환으로 서양의학과 일부 일본 민속의학을 지원하면서 한의사가 되는 길은 아예 막아버렸다.

해방 이후 한의사 국가검정고시라는 제도가 생기자 할아버지는 친구분과 함께 응시해 당당히 합격했다. 김 장로가 경희대와 한의대에 들어가 교수직을 거칠 때 고향에 내려가게 되면 경험이 풍부한 노 한의사인 할아버지와 이론에 밝은 젊은 한학도가 밤을 새워가며 토론을 벌이곤 했다.

할아버지는 특히 불임 치료의 대가였다. 김 장로의 친구 중에도 부모가 할아버지의 약을 먹고 자기를 낳았다고 하는 이들이 여럿 있었다. 임신을 하고 아들을 낳은 아주머니들이 달걀 꾸러미나 참깨를 내놓으면서 고맙다고 머리를 조아리던 모습이 생생했다. 할아버지는『동의보감』에 나오는 방법과 나름대로 개발한 처방으로 아이가 없는 집안에 도움을 주었다. 소문이 퍼져서 전국에서 영주 성곡리 산골로 찾아와 할아버지에게 불임치료를 부탁할 정도였다. 할아버지는 그렇게 번 돈으로 서당도 운영하고 일제에 저항하다 상처 받은 사람들도 돌봐주었다. 모교회가 아니라도 인근 교회가 어렵다는 소식이 들리면 재물을 아끼지 않으셨다.

김 장로가 개원을 한 뒤에도 할아버지의 명성을 듣고 찾아오는 부

14 신앙 명문가의 자녀교육 노하우 09

8명의 목사와 30명의 장로를 배출한 김덕호 장로의 가문

노하우 1 재물과 재능은 단지 하나님이 주신 것을 관리하는 것으로 여기는 청지기적인
삶을 실천하라.
노하우 2 교회를 돕는 일과 상처 받은 사람들을 돌보는 일을 게을리하지 마라.
노하우 3 자녀들에게 재물과 재산보다 하나님의 사랑을 유산으로 상속하라.

인과 환자들이 많았다. 전공이 다르다고 해도 할아버지의 처방을 내려 달라고 간청하는 분들을 차마 외면하지 못해 "생명이 나고 지는 것은 하늘의 뜻에 달린 것이니 마음 편하게 가지시라"고 당부하면서 처방을 하면 의외로 효과가 컸다. 양방의 산부인과에서 검사를 하면 여자에게 나 남자에게 아무런 문제가 없는데 좀처럼 아이가 안 생긴다는 가정의 경우에는 특히 한방 치료의 효과가 좋았다.

현재 김 장로는 의료복지타운과 영주시에서 위탁한 노인전문요양 병원을 운영하고 있다. 의인의 가문이 점점 번성해가는 것을 확인시켜 주는 것 같아 참 아름답고 감사하다.

의인의 가계

의인은 돋는 해 같고

필자가 한 여름의 폭염 속에서 죽을힘을 다해 원고를 정리하는 중에 비보를 접하게 되었다. 필자의 신학 형성에 지대한 영향을 주었던 하용조가 별세한 것이다. 아직은 한창 일해야 할 아까운 나이에 먼저 하나님의 부르심을 받은 하 목사는 누구나 다 알다시피 온누리교회의 담임목사로 시무했었다. 또한 두란노서원이라는 기독교 출판사의 원장직으로 활동했다.

평안북도 진남포에서 태어난 하용조 목사는 한국전쟁을 통해 경기도 이천을 거쳐 전남 목포까지 피난을 온 실향민 가족이었다. 유소년 시절을 목포에서 지낸 그는 대광고를 거쳐 건국대에 진학한 뒤, 한국대학생선교회(CCC)에 들어갔다.

김준곤 목사의 지도 아래 고 옥한흠 목사(사랑의교회), 홍정길 목사

(남서울은혜교회), 이동원 목사(지구촌교회) 등과 함께 영성 훈련을 받았다. 이후 7년간 CCC 간사로 활동했으며, 1972년 장로회신학대학에서 수학하고 1976년에 목사 안수를 받았다. 목사 안수 이전부터 가수 윤복희, 코미디언 구봉서 등과 함께 연예인교회를 개척하고 부흥시켰다. 하지만 연예인교회의 성전을 완공할 무렵에 지병인 간경화가 재발하여 교회를 사임할 수밖에 없었고, 치료와 휴식을 위해 1980년에 영국으로 떠났다.

영국에서 돌아온 하용조 목사는 1985년 서울 용산구 서빙고동에 온누리교회를 설립했다. 1994년에는 '2010년까지 2,000명의 선교사와 10,000명의 평신도 사역자를 세운다'는 '2천/1만 비전'을 선포한데 이어 2003년에는 '사도행전적 교회를 재생산해 온누리에 복음을 전한다'는 'Acts 29 비전'을 발표했다. 그리고는 온누리교회를 전국 9개 성전에 교인 7만5,000여 명 규모로 키웠고, 세계 각국에 1,220여 명의 선교사를 파송했다.

대학교 3학년 때 처음 앓기 시작한 폐결핵을 시작으로 당뇨, 고혈압 등 평상시 건강이 안 좋았으며, 최근에는 신부전증이 악화되어 일주일에 네 번씩 투석을 할 정도였다. 간염으로 시작된 간질환은 간암으로 발전하여 간암 수술

■ 사도행전적 교회를 꿈꾸었던 온누리교회의 고 하용조 목사

을 7차례에 걸쳐서 받기도 했다. '걸어다니는 종합병원'이라는 별명도
그래서 생겼다.

병약했던 하용조 목사는 영육(靈肉)이 아픈 이들의 속마음을 잘 알
았다고 한다. 후일 목사가 된 곽규석 씨는 하 목사보다 나이가 18살이
나 많았지만 그를 '영적인 아버지'로 여겼다고 회고했다. 프로골퍼 최
경주 선수는 이 교회의 신자였던 아내가 "교회에 나오지 않으면 만나
지 않겠다"고 해서 온누리교회에 다니기 시작해 1999년에 세례를 받
았다. 인터뷰하는 기자들까지 전도하는 이영표를 비롯, 송종국, 최태
욱 선수 등 2002년 월드컵의 스타들도 하 목사를 따랐다. 신자는 아니
지만 박찬호 선수도 미국에서 슬럼프에 빠졌을 때 하 목사의 조언으로
다시 일어섰다.

의인의 자식

'그는 인생의 목적이 하나님뿐인 것 같은 삶을 살다 갔다.'

사람들은 말한다. 하용조 목사의 목회에서 간과하기 쉽지만 가장 중
요한 부분 중 하나는 바로 긍휼사역이었다. 그는 '긍휼(矜恤)'이라는 조
금 어려운 개념을 그대로 고집했다. 하 목사는 복음과 전도만을 강조
하는 사람 같지만, 오히려 행동하는 복음, 실천하는 전도, 삶이 동반된
신앙을 강조했다. 즉 균형 잡힌 목회를 실천했던 것이다.

하 목사는 예수님의 심정으로 가난하고 소외되고 배고픈 이웃을 바
라보면서 목회했다. 어려운 사람들을 향하여 눈물이 많은 목회자였는
데, 그의 이러한 긍휼적 성품은 어린 시절 부모님의 삶에서 근원을 찾

을 수 있었다.

그의 가족은 목포 피난 시절에 어느 부잣집에서 세 들어 살았는데, 그 집 앞에는 젖먹이 어린아이들이 버려지곤 했다. 전쟁 중에 먹고살 길이 막막한 부모들이 버리고 간 소위 전쟁고아들이었다. 그런데 그의 부모는 이 어린아이들을 차마 못 본 척하지 못해 집에 들여서 키워주었고, 전쟁 통에 버려진 아기들을 거두어 키우다 보니 자연스레 영아원이 설립되었다. 그 일로 해서 온누리교회는 재정의 3분의 1을 개척 때부터 구제를 위해 쓰겠다는 약속을 지금도 지키고 있다. 그 당시에 대해 하용조 목사는 이렇게 술회했다.

우리 형제들은 이런 분위기에서 자라났다. 아마 이것이 내가 성장해서 고아들과 가난한 사람들에게 조건 없는 애정을 갖게 된 동기일 것이다. 이것

■ 하용조 목사의 소천 후 하관예배에 참석한 1천여 명의 성도

이 나중에 버려진 영혼들을 돌보는 목회자의 길을 걷는 씨앗이 될 줄을 어떻게 알았으리요.

이 고백처럼 그를 있게 한 신앙의 뿌리는 부친인 하대희 장로였다. 하 목사는 1946년에 평안남도 강서군에서 하대희 장로와 김선일 권사의 3남 3녀 중 셋째로 태어났다. 형은 하용삼 수산교회 목사, 남동생은 하용인(스데반) 선교사, 누나는 하신자, 여동생은 하신숙, 하신주이다. 이형기 사모와의 슬하에 성석, 성지 등 1남 1녀를 두고 있다.

14 신앙 명문가의 자녀교육 노하우 10

사도행전적 교회를 꿈꾸었던 하용조 목사의 가문

노하우 1 자녀에게 행동하는 복음, 실천하는 전도, 삶이 동반된 신앙을 가르쳐라.

노하우 2 가난한 자들과 고아과 과부를 돌보는 긍휼사역에 전력하라.

노하우 3 인생의 목적을 오직 하나님으로 정하고, 그분의 마음으로 이웃을 돌보라.

네 조부의 하나님, 아버지의 하나님

믿음의 아버지로부터 신앙을 이어받은 자녀들이 목회를 할 경우 하나님은 더 특별한 은혜를 부어주신다. 사랑의교회 옥한흠 목사의 후임으로 사역하고 있는 오정현 목사와 그 동생 오정호 목사의 경우 아버지가 개척 교회 목사였다.

경북 의성 태생인 오정현 목사는 4대째 기독교를 믿는 가정에서 자랐다. 그가 다섯 살 때인 1960년에 아버지 오상진 목사가 부산 가야동 난민촌에 개척 교회를 세우면서 부산으로 이주했다. 초라한 흙집의 방 두 칸에서 여섯 식구가 힘들게 살았지만 오정현 목사는 자부심을 느꼈다고 한다.

우리 집에 책이 약 3,000권 정도 있었습니다. 대단한 민족주의자였던 아버

■ 꿈이 많던 학창 시절 부산 앞바다에서 오정현 목사가 동생 오정호 목사와 앞날을 이야기하며 기념사진을 찍었다.

지는 우리 네 형제를 스파르타식으로 가르쳤습니다. 쌀 꾸러오는 사람들에게 쌀을 꾸어주고 우리는 기계국수를 사 먹곤 했습니다. 어릴 때부터 고난을 이겨내는 신앙 훈련을 받았습니다.

오상진 목사는 스스로 이발하는 기술을 배워 산동네 아이들을 불러 모아 글을 가르치고 이발을 해주면서 힘들고 지친 이들의 영원한 어버이로 살았다. 그 덕분에 오 목사는 부산중학교에 다니던 16세 때부터 아버지 교회에서 설교를 시작했다. 스무 살 때는 중학생에게, 스물세 살 때는 대학생에게 설교를 했다. 숭실대학교 영문과 재학 시절에는 서울 종로구에 있는 내수동교회를 다녔는데, 새벽기도에 하루도 빠지지 않는 모습을 보고 박희천 목사(내수동교회 원로목사)가 신학생도 아닌 그를 대학부 지도전도사로 임명하기도 했다.

1979년 당시 30여 명에 불과하던 대학생들이 1년 만에 100명이 되

■ 고 옥한흠 목사에 이어 사랑의교회를 이끌어가고 있는 오정현 목사와 사역자들

었고, 그가 미국 유학을 떠날 때인 1982년 5월에는 250명으로 늘었다. 오정현 목사는 향후 한국 교회를 이끌어갈 차세대 지도자로서 지금도 하나님께 귀하게 쓰임 받고 있다.

대대로 보호하심

나는 아브라함의 하나님이요 이삭의 하나님이요 야곱의 하나님이로라 하신 것을 읽어 보지 못했느냐 하나님은 죽은 자의 하나님이 아니요 산 자의 하나님이시니라 하시니(마태복음 22:32)

아브라함에게 언약하여 낳게 하신 이삭과 야곱은 결국 하나님이 새로운 언약의 족보를 만들기 위한 숨은 계획임을 밝히는 말씀이다. 다시 말해 하나님은 넘어진 아담의 가계를 뛰어넘는 새로운 인류의 족보를 만들 계획을 이미 가지고 계셨다. 육신에 속한 아브람을 불렀는데, 그가 아브라함으로 이름이 바뀌면서 새로운 아담의 역할을 하게 된 것이다.

아담의 뜻이 '산 자' '사람의 조상'이듯이 아브라함의 뜻은 '열국의 아버지'이다. 그의 원래 이름은 아브람이었다. 이는 '큰 자의 아버지'란 뜻이다. 히브리어에서 '함'이 들어가면 복수명사가 된다. 따라서 아브라함은 '열국의 아버지' '많은 민족의 조상'이라는 뜻이 된다.

육신으로는 데라의 자손으로 태어났지만 하나님께서 부르심으로 최초로 산 자, 부활의 도리에 대해 깨우친 사람이 되었다. 부활의 비밀―

죽은 자를 살리시는 하나님—을 최초로 깨우치고 그 하나님을 인식한 믿음을 가진 자가 되었다. 그의 이름이 개명된 이유는 모든 육신의 사람도 그리스도 부활의 비밀을 깨달으면 새 사람으로 거듭난다는 상징이기 때문이다. 이 때문에 삼대(三代)로 표현되는 족보를 우리에게 가르쳐 주시는 것이다.

사실 족보라는 것은 현재의 나에 대한 혈통을 증명하는 증명서다. 또 이제부터는 내가 호주가 되어 새로운 가문을 만들어간다는 의미이기도 하다. 그런데 족보가 아무리 수많은 대를 이어 온다 해도 자신으로부터 아버지와 할아버지의 삼대 안에서 자신의 정체성과 혈통을 증명할 수 있다. 할아버지, 아들, 손자 이 삼대의 개념은 항상 족보의 기본수이며, 전체를 포함하는 수이기 때문이다.

수천 대의 긴 계보가 현재의 우리와 무슨 상관이 될까? 하지만 삼대는 모든 족보를 일관하는 기본 수이므로 성경에서도 삼대를 들어서 영적 족보를 말하고 있는 것이다. 구약에서는 아브라함—이삭—야곱이 되지만, 신약에서의 새로운 영의 족보는 야곱—요셉—예수 삼대가 된다. 요셉은 산 자의 맥을 이어가는 장자인 것이다.

형제들아 너희는 이삭과 같이 약속의 자녀라 그러나 그 때에 육체를 따라 난 자가 성령을 따라 난 자를 핍박한 것 같이 이제도 그러하도다 그러나 성경이 무엇을 말하느뇨 계집종과 그 아들을 내어 쫓으라 계집종의 아들이 자유하는 여자의 아들로 더불어 유업을 얻지 못하리라 했느니라 그런즉 형제들아 우리는 계집종의 자녀가 아니요 자유하는 여자의 자녀니라 이스마 이제부터 그리스도 예수 안에서 하나님은 육신의 가문을 따라 영생의 약속과 축복을 이어가시는 것이 아니라 오직 믿음 안에서 그 언약과 축복을 이어가신다. 비록 믿는 가정이라고 자처해도 제대로 된 믿음을 전수하지 못한다면 이 언약의 계보는 멈추고 만다. 하지만 이 언약의 약속을 믿고 믿음을 전수하는 가정에서는 영원히 이 언약이 지속될 것이다.

14 신앙 명문가의 자녀교육 노하우 11

믿음의 아버지로부터 신앙을 물려받은 오정현 목사의 가문

노하우 1 자녀들이 고난을 피할 수 있도록 기도해 주기보다 이겨낼 수 있는 힘을 기르도록 가르치고 기도하라.

노하우 2 의식주보다 책을 중요하게 여겨라.

노하우 3 자녀에게 믿음을 가장 귀한 유산으로 남겨 주라.

믿음의 가문들

예수! 새 가문의 맏아들

우리나라도 그렇지만 하나님의 선민이라는 특권의식에 젖어 있는 유대인들은 우리보다 더 족보와 혈통을 중시했다. 마태는 유대인으로서 세리였기 때문에 제자들 중 나름 지식층이었다. 그리고 동족에 대해 사랑하는 마음이 있었다. 그런 그가 족보를 제일 서두에 기록한 것은 중요한 이유가 있다. 중요한 인물을 소개할 때 그 가문을 소개하는 것은 유대인의 오래된 전통이다. 예를 들어 에브라임 지파 눈의 아들 여호수아라든지, 유다 지파 갈렙 또는 베냐민 지파 사울처럼 꼭 족보를 밝히고 있다. 이것은 유대인들이 그만큼 족보를 중요하게 여겼다는 반증이다.

물론 디모데전서 1장 4절에서는 "신화와 끝없는 족보에 착념치 말라"고 하고 있다. 즉 하나님 앞에서 육신적인 족보를 자랑하지 말라는 뜻이다. 따라서 마태가 마태복음의 서두에 족보를 기록한 이유는 족보에서도 구원의 진리를 발견할 수 있다는 것을 알려주기 위해서였다.

신약성경의 첫 장인 마태복음 1장에는 "아브라함과 다윗의 자손 예수 그리스도의 세계라"고 시작한다. '세계'란 족보라는 뜻이다. 마태복음 1장을 읽게 되면 반드시 우리도 이 족보에 들어가야만 구원을 얻을 수 있다는 사실을 깨닫게 된다. 본래 인류의 족보는 아담으로부터 시작한다. 그런데 아담이 사탄의 계략에 속아 범죄함으로 인간의 피 속에는 타락의 피가 흐르게 되었고, 아담의 후손들은 다 저주를 받아 멸망으로 떨어질 수밖에 없었다.

요한복음 8장 44절에서 "너희는 너희 아비 마귀에게 났으니"라고 했

■ 아브라함은 100세 때 얻은 독자인 이삭을 하나님께 번제로 드리려고 칼을 들었는데, 그의 믿음을 인정하신 하나님이 천사를 통해 말리시는 모습이다.

다. 이 말은 예수 믿기 전에는 아담의 후손인 우리 모두 사탄에게 붙들려 있었다는 뜻이다. 그러므로 아무리 많이 배우고 선하게 산 사람이라고 해도 예수님 족보에 들지 못하면 지옥으로 갈 수밖에 없는 인생이다.

그런데 하나님께서는 구원의 족보를 만드시기로 작정하셨다. 이 약속은 이미 창세기 3장 15절에 예언된 것이다. 그래서 죽어가는 사람들 중에 한 사람을 불러내셨다. 그가 바로 아브라함이다. 아브라함은 우상의 도시 갈대아 우르에서 하나님의 부름을 받았다. 아브라함이 남다른 특출함이 있어서 선택된 것이 아니라 하나님의 계획에 따라 구원의 족보를 만들기 위해서였던 것이다. 아담의 후손인 인간은 그 누구도 예외 없이 아브라함의 자손이 되어야 구원을 얻을 수 있다. 즉 예수님의 족보에 들어가야 구원을 얻을 수 있다.

그러면 어떻게 해야 예수님의 족보에 들어갈 수 있을까? 즉 어떻게 해야 아브라함의 자손이 될 수 있느냐는 말이다.

마태는 자신의 복음서 3장 9절에서 "속으로 아브라함이 우리 조상이라고 생각지 말라 내가 너희에게 이르노니 하나님이 능히 이 돌들로도 아브라함의 자손이 되게 하시리라"고 선언한다. 1장의 족보가 혈통의 족보가 아니라 믿음의 족보, 즉 하나님의 은혜로 이어져가는 영적인 가문의 족보임을 밝히고 있다. 이제 아브라함의 자손은 혈통적인 것이 아니라 아브라함의 믿음을 가진 자는 누구나 될 수 있는 믿음의 족보라는 것이다. 갈라디아서 3장 29절에서 "너희가 그리스도께 속한 자면 곧 아브라함의 자손이요 약속대로 유업을 이을 자니라"고 한 선언대로 예수를 구원의 주로 영접하면 나는 아브라함의 자손이 되고 예수님의 족보에 오르게 되는 것이다. 따라서 아담의 후손인 인간은 누구라도 족보를 옮겨야만 살 수 있다. 그렇지 않으면 아담의 후손은 그 누구도 예외 없이 죄의 삯인 사망을 면치 못한다.

하나님의 실존

덴마크의 실존주의 철학의 창설자 키르케고르(Kierkegaard), 그가 스물세 살 되던 해 스스로가 말하는 무서운 대지진이란 경악스러운 경험을 하게 되었다. 그것은 부친이 범한 두 가지 죄를 알게 된 사실이었다. 하나는 그 부친이 소년 시절에 너무나도 가난하여 유틀란트의 황량한 벌판에서 양을 치면서 심한 추위와 굶주림에 견디다 못해 언덕에 올라가 그토록 가혹한 생을 주신 하나님을 저주했다는 것이다. 또 하

■ 절망을 이기는 길은 예수를 믿는 신앙이라고 말한 키르케고르

나는 그 부친의 전처가 병으로 죽자 그의 하녀를 강간하여 임신하게 했다는 것이다.

키르케고르는 바로 그 하녀가 낳은 8남매 가운데 막내로 태어났다. 그는 1813년 5월 15일 덴마크의 수도 코펜하겐에서 출생했다. 이 사실을 알게 된 그는 형제 다섯 명이 요절했던 것은 하나님의 벌이었고, 자신도 34세 이전에 죽을 것이라고 예측했다. 키르케고르는 스물세 살 때 아버지의 두 가지 죄로 인해 받은 충격을 스스로 대지진의 체험이라고 말했다. 그때부터 그의 삶은 걷잡을 수 없는 타락의 세계로 빠져들게 되었다.

그는 자기 아버지를 원망하면서 탕아 생활을 계속하던 중 죄책감을 견디지 못해 자살을 시도하기도 했다. 그러다가 25세 때 레기네 올센이라는 아가씨와 사랑에 빠지게 되면서 오랜 세월의 방탕을 끝내고 마침내 약혼을 하게 되었다.

두 연인은 한없는 행복에 빠지게 되었다. 그러나 그것도 잠시였다. 그는 하나님에 대한 극단적인 종교적 사랑(아가페)과 여성에 대한 사랑(에로스) 사이에 갈등을 느끼게 되었다. 그리고 하나님을 향한 아가페를 택하는 자기 결단의 자리에 이르게 되었다. 그때 유명한 "죽음에 이르는 병"이란 글을 썼다. 죽음에 이르는 병이란 절망을 뜻한다. 그리고 절망을 이기는 길은 바로 예수를 믿는 신앙이라고 말했다. 비록 42세를 일기로 그의 삶을 끝마치게 되지만 그의 비문에는 그가 생전에 남겨 놓은 이런 글이 적혀 있다.

키르케고르는 육신의 족보에서 고통스러워 하다가 주님을 만났고, 주님을 만남으로 자신의 족보가 주님 안에서 새롭게 됨을 깨달았다. 그리고 자유와 영생을 누리게 되었다. 요한일서 3장 8절에서 "하나님의 아들이 나타나신 것은 마귀의 일을 멸하려 하심이라"고 했다. 하나님은 믿는 자에게 바로 이런 권세를 주신다. 또 요한복음 1장 12절에서 "영접하는 자 곧 그 이름을 믿는 자들에게는 하나님의 자녀가 되는 권세를 주셨다"고 했다. 권세가 곧 힘인데, 바로 마귀의 저주를 물리칠 수 있는 힘이다. 예수 믿고 족보가 바뀌어졌다면 반드시 이 자녀의 권세를 사용하기 바란다.

하나님의 언약이 이어지는 가정

작은 교회의 목사였던 아버지가 금식기도 중 돌아가신 후 삶의 고난 가운데 결코 목회자는 되지 않으리라 다짐했지만 어머니의 기도와 하나님의 크신 보호하심 가운데 결국 목회자가 된, 한국에서 손꼽히는 청소년 사역자가 있다. 바로 현재 분당우리교회를 개척하여 하나님의 측량할 수 없는 섭리를 깨달은 이찬수 목사다. 그의 삶 속에는 마치 깊은 밤이나 안개 자욱한 길처럼 어둡고 뿌연 세상 속에서 헤매이며 온갖 근심 걱정을 짊어진 과거가 포함되어 있다. 하지만 급기야 어둠을 뚫고 동트는 여명과 같은 하나님의 보호하심을 깨닫고 주님의 사랑과 은혜로 너무나도 큰 은혜를 전하고 있다.

지금은 작고하신 옥한흠 목사의 지도 아래 사랑의교회에서 10년간 청소년 주일학교의 총괄 디렉터로 섬기면서 세상 풍조와 입시학원에 빼앗긴 신세대를 영적 거듭남과 회복의 길로 돌이켜 청소년 사역의 새 장을 열었다.

2002년 5월, 장년 목회의 경험이 전혀 없던 그가 느닷없이 성령님의 인도하심으로 성남시 분당구 이매동 송림고등학교 강당에서 분당우리교회를 개척하여 목회하기 시작했다. 그 결과로 지금은 2만여 명이 모이는 대형 교회를 일구어냈다. 사람들은 어떻게 젊은 목사가 그런 대단한 일을 이루었느냐고 묻지만, 항상 그는 겸손하게 하나님의 은혜요 아버지의 기도 덕분이라고 말한다. 이찬수 목사가 그렇게 말하는 배경에는 작은 교회를 목회하던 아버지 이종칠 목사가 40일 작정 금식기도 17일만에 소천하신 아픈 과거가 있기 때문이다.

처음 이런 일을 당했을 때만 해도 어린 찬수는 하나님을 원망하기도

■ 청소년 사역의 새 장을 연 분당우리교회 이찬수 목사

했다. 한참 사춘기였던 이 목사는 미국에서의 유학 내내 방황에 방황을 거듭했다. '하나님이 살아 계시다면 왜 고생하시는 우리 아빠를 먼저 데려가셨나요?'라고 원망하면서 가슴 아픈 방황이 이어졌다. 하지만 시간이 지나면서 잔잔하게 들려오는 주님의 음성이 있었다. 그리고 그 배경에는 어머니 서정숙 사모의 눈물어린 기도가 있었다.

"하나님이 보호하시니 네가 걱정할 것 무어냐? 찬수 네가 아버지의 뿌린 씨앗을 거두면 되지."

어머니는 늘 이렇게 격려하며 아들을 목회의 길로 떠밀었다. 그리하여 미국 이민자이던 그가 나이 서른에 혈혈단신 서울로 역유학(逆留

청소년 사역의 새 장을 연 이찬수 목사의 가문

노하우 1 늘 겸손하게 하나님의 은혜를 구하라.

노하우 2 부모의 눈물어린 기도가 자녀의 삶을 형통하게 이끈다.

노하우 3 예수님과 동행하는 가정이 되어야 한다.

노하우 4 하나님 섬기는 것을 최우선으로 해야 한다.

노하우 5 하나님이 우리로 하여금 복의 근원이 되게 하고, 복의 통로로 사용하시도록 믿음을 갖고 기꺼이 가정을 하나님께 내어드려라.

學)하여 목사가 되었다. 그 역시 외롭고 근심에 잠길 때가 많았으나 '너를 늘 지키고 있으니 걱정하지 말아라' 하시는 하나님 사랑에 휘감겨 살았다고 고백한다. 그리고 그때 느낀 크신 하나님의 은혜를 성도들에게도 전이시켜 왔다.

믿음의 명문가를 이루는 원리

우리는 하나님이 명문가를 이루어가시는 이러한 모습을 보면서 몇 가지 원리를 발견하게 된다. 사실 모든 농부는 극상품의 열매를 맺기 위해 힘과 능력과 정성을 쏟으며 노력한다. 마찬가지로 인생의 열매를 맺는 우리도 다 농부와 같다. 그래서 가지나 잎을 무성하게 하는 것이 아니라 오직 열매를 풍성히 맺을 때 포도나무 가지인 우리는 하나님께 영광을 돌리고 예수님의 제자가 되기 때문이다. 열매를 풍성히 맺는 믿음의 가문을 일으키는 원리는 무엇인지에 대해 우선 몇 가지로 생각해볼 수 있다.

첫째, 예수님과 동행하는 가정이 되어야 한다. 하나님은 부요하시므로 부요하신 하나님을 만나야 하는데, 그분을 만나는 길은 오직 예수님이시다. 하나님은 오늘도 주님을 경외하는 자를 찾아 부요함을 주길 원하신다. 갈릴리 바다에서 실의에 찬 베드로에게 만선의 축복을 주셨던 것같이 하나님은 우리에게 넘치도록 몰아주시는 복을 주기 원하신다. 이찬수 목사에게 바로 이러한 축복이 일어난 것이다. 하나님께서 일이 되도록 몰아주셔야 한다.

둘째, 하나님을 섬기는 것을 제일로 가르쳐야 한다. 그것은 전도로 나타나야 한다. 그런데 예수 믿는 가정이 행복해야 복음을 전할 수 있다. 사람들은 우리를 통해 하나님을 볼 수 있으므로 우리는 성도의 복을 누리며 주 안에서 잘 살아야 한다. 믿음의 명문가를 이룬 다윗은 평생 하나님 아버지와 그 아버지의 집을 가장 사모했다. 부모와 자녀가 모두 하나님을 경외하는 믿음의 명문가를 이루기 위해 전심전력으로 기도해야만 한다.

셋째, 우리는 복의 근원이며, 나를 통해 복이 흘러가게 하신다. 따라서 은혜의 선순환을 이해할 필요가 있다. 하나님은 교회를 통해 복주시기 원하신다. 교회를 통해 하나님이 영광을 받으시며 은혜를 주시기 때문이다. 이곳저곳 기웃거리는 택배 인생이 되지 말고 하나님 교회의 파수꾼이 되어야 한다. 모든 것을 예비하신 하나님께서 자녀된 우리를 위해 모든 것을 준비하고 계신다는 믿음을 갖고 믿음의 명문가로 쓰임받길 바라신다.

대대에 남을 씨앗을 심으라

한국인이 가장 좋아하는 외국인

얼마 전 한국인이 좋아하는 외국인에 대한 설문조사가 있었다. 그런데 구한말 고종의 밀사로 헤이그에 갔었던 헐버트가 1등으로 뽑혔다. 헐버트는 1862년 미국 버몬트 주 뉴헤이번에서 태어났다. 그의 아버지는 미들베리 대학의 총장이었던 칼빈 헐버트 목사였으며, 어머니는 다트머스 대학의 창립자 엘리저 윌록의 외증손녀인 매리 우드워드다.

헐버트는 믿음의 가문에서 태어난 믿음의 후손임을 알 수 있다. 그 아버지에 그 아들이라는 말처럼 아버지는 아들에게 지대한 영향을 끼쳤다. 그러했기에 한 개인이 하기에는 너무나도 큰 업적으로 우리 민족의 등불이 되어줄 수 있었다.

헐버트는 1884년에 다트머스 대학을 졸업하고, 그 해에 유니언 신학교에 들어가서 2년간 수학했다. 고종 23년인 1886년에 길모어, 벙

커 등과 함께 조선에서 육영공원에 교사를 파견해 달라는 요청을 받고 조선에 들어왔다. 그리고 최초의 근대식 교육기관인 육영공원(育英公院)에서 교사직으로 영어를 가르쳤다. 헐버트는 자비로 한글 개인교사를 고용하여 한글을 배웠고, 3년만에 한글로 책을 저술할 정도의 실력을 갖게 되었다. 또 육영공원에서 근무하면서 제중원 학당에서도 학생을 가르쳤는데, 1888년 3월경부터 하루 2시간씩 제중원 학당에서 교육을 담당했다. 1888년 9월에는 미국에 일시 귀국하여 메이 한나와 결혼한 후 함께 조선으로 다시 돌아왔다.

헐버트의 많은 여러 업적 중의 하나가 1889년 최초의 순한글 교과서인 『사민필지』를 저술한 것이다. 이 교과서는 육영공원의 교재로 사용했다. 육영공원에서 교직으로 근무했을 때 헐버트는 외국 서적의 번역 작업과 한국 홍보활동을 벌여 많은 서적과 기사를 번역하고 저술했다. 1896년에는 구전으로만 전해 오던 「아리랑」을 처음으로 채보했다. 그러던 중 조선 정부에서 재정상의 이유로 육영공원을 축소 운영하게 되자 헐버트는 1891년에 교사직을 사임하고 미국으로 돌아가게 된다. 떠나기 전 헐버트는 1891년 여름 당나귀를 타고 아펜젤러, 모펫과 함께 평양을 방

■ 한국인보다 한국을 더 사랑한 사람이라는 수식어가 따라다니는 호머 헐버트 선교사

문하여 평양 근교의 석탄 광산의 실태를 파악했다. 아펜젤러와 모펫은 선교 정보를 얻기 위하여 동행했다.

하나님의 사랑으로

첫 번째의 입국이 육영공원의 교사로 들어온 것이라면 두 번째의 입국은 선교사로서 선교를 목적으로 입국하게 된다. 결국 1893년에 헐버트는 미국 감리교회의 선교사 자격으로 다시 조선에 입국하여 선교 활동을 계속했다. 그는 감리교의 출판부인 삼문출판사에 대한 책임을 맡았으며, 배재학당에서 학생들을 가르쳤다. 또 한성부에 오기 전 미국의 한 출판사에서 출판에 대한 교육을 받았으며, 신시내티에서 신식 인쇄기를 들여오기도 했다. 삼문출판사는 그가 부임한 지 1년도 안 되어 전도지와 종교 서적 1백만여 면(面)을 인쇄하여 경영을 자급자족할 수준에까지 이르렀다.

1895년 2년간 휴간했던 영문 월간지 「한국소식」을 다시 발행했고, 최초의 영문 소설에 대한 한국어 번역판인 『텬로력뎡(천로역정)』을 출판했다. 그 해 8월에 '한글로마자표기법'을 고안해냈다.

그리고 10월 8일 명성황후 시해 사건이 일어났는데, 당시 그는 언더우드, 에비슨과 함께 고종의 침전에서 불침번을 섰다. 하지만 그런 노력에도 불구하고 명성황후가 시해되자 꺼져가는 조선의 심지를 되살릴 방도를 찾기 위해 기도하기 시작했다. 그 첫째가 1897년 5월 조선 정부와 고용 계약을 맺고 학생 수 50명의 한성사범학교의 책임자가 되어 후학들을 키우는 일이었다. 이후에도 관립영어학교에서도 학생들을 가르쳤다.

1900년부터는 1905년 고종의 특사로 미국에 방문하기 전까지 현 경기고등학교의 전신인 관립중학교의 교사로 재직했으며, 일본의 부당성을 지적하는 다양한 사회 활동을 전개했다. 한국의 역사에도 많은 관심을 기울여 1908년에는 관립중학교의 제자 오성근과 함께『대한역사』라는 한글 역사 교과서를 출판했다. 이 책은 상·하권으로 기획되었으나 하권은 출간되지 못하고 상권만 발행했다. 이마저도 1909년 일제의 검열에 의하여 금서 조치가 되었고, 일본 경찰에 의하여 출판사에 있던 책이 모두 몰수되어 불태워졌다.

조선의 대변인으로

1890년대 중엽 조선은 일본제국으로부터 위협을 겪게 되는데, 헐버트는 이러한 일제의 침탈 행위를 목격하면서 조선의 국내외 정치, 외교 문제에 관심을 가지게 되었다. 그리고 조선의 자주권 회복 운동에 헌신하기 시작한다. 1895년 을미사변 이후 헐버트는 고종을 호위하고, 최측근으로서 보필 역할과 자문 역할을 했으며, 미국 등 서방 국가들과의 외교 및 대화 창구 역할을 했다. 헐버트는 고종의 신뢰를 가장 많이 받은 외국인이었다.

1905년 일본제국이 대한제국의 외교권을 빼앗는 을사늑약 사건이 있었다. 그러자 헐버트는 을사늑약의 불법성과 무효성을 국제사회에 알리고 대한제국의 자주 독립을 주장하려 했다. 또한 을사늑약의 무효성을 미국을 비롯한 열강들에게 알리기 위해 고종 황제로부터 친서를 받아 1905년 미국 대통령에게 밀서를 전달하고자 했으나 실현되지는 못했다.

헐버트 박사는 헤이그 특사인 이준, 이상설, 이위종을 네덜란드 헤이그로 파견하는 데 크게 일조했다. 1907년 고종의 밀서를 받아 비밀리에 네덜란드 헤이그 만국평화회의장에 비밀 특사 3명을 파견했다. 이때 헐버트는 제4의 특사였다.

그러나 이를 눈치챈 일제의 방해로 헤이그 특사들은 회의장에 입장조차 못했다. 결국 실패로 끝나자 이것이 일본제국에 알려지게 되었고, 이를 빌미로 일본제국은 눈에 가시 같은 존재로 낙인찍혀 대한제국에서 추방된다. 그럼에도 불구하고 헐버트는 미국에서 서재필, 이승만 등의 미주 독립운동가들을 적극 지원하여 활동에 힘을 보탰으며, 한국의 자주 독립을 위해 미국 각지를 돌면서 일본제국의 침략 행위를 비난했고, 한국의 자주 독립을 호소했다.

오직 주의 사랑에 매여

헐버트의 한국 사랑은 연이은 두 번의 좌절에도 불구하고 이어졌다. 1908년 그는 미국 매사추세츠 주 스프링필드에 정착한 후 스프링필드 훼이스 회중교회에서 목사로 안수 받았다. 그리고 미국 전역과 전 세계의 각종 회의와 강좌에서 일본제국의 침략을 규탄했고, 한국의 자주 독립에 관한 글을 썼다. 1918년에는 파리강화회의를 위한 「독립청원서」를 여운홍과 함께 작성했다. 1919년 삼일운동 후에는 이를 지지하는 글을 서재필이 주관하는 잡지에 발표했고, 미국 상원의 외교위원회에 일본의 잔학상을 고발했다. 1942년에는 워싱턴 시에서 열린 한국 자유대회에 참석했으며, 남은 열정을 해외에서 한국인들을 위해 모두 불태우고 있었다.

1944년 그는 한국문제연구회에서 간행하는 「한국의 소리」라는 책자에서 루스벨트 대통령이 을사늑약 직후 고종황제의 청을 받아들이지 않아 동양의 역사가 바뀌었으며, 미국이 친일 정책을 썼기 때문에 태평양전쟁이 일어났다고 주장했다.

2차 세계대전이 끝난 후 일본제국이 패망하면서 한국은 해방되었다. 1948년 대한민국 수립 후 1949년에는 이승만 대통령의 초청으로

14 신앙 명문가의 자녀교육 노하우 13

한국인보다 더 한국을 사랑한 헐버트 선교사의 가문

노하우 1 자녀가 주를 위해 고난을 받고 수고할지라도 기꺼이 격려하고 응원하라.

노하우 2 나라와 민족을 품고 함께 아파하고 울 수 있는 영적 거장으로 가르쳐라.

노하우 3 우리는 이 땅에 보내진 하나님의 대사임을 잊지 마라.

국빈으로 초대를 받았고, 42년 만에 내한했다. 헐버트는 내한 후 일주일 뒤에 병사하여 8월 11일에 최초의 외국인 사회장으로 영결식을 거행했다. 그리고 오늘날 양화진 외국인 묘지에 묻혔다. 그의 첫째 아들 쉘던은 2살 때 사망하여 이미 양화진에 묻혀 있었다. 헐버트는 샌프란시스코에서 한국으로 떠나면서 언론에 "나는 웨스트민스터 사원보다 한국 땅에 묻히기를 원하노라"라는 유언을 남겼다.

1950년 3월 1일에 대한민국 정부는 외국인 최초로 건국공로훈장 태극장(독립장)을 추서했다. 헐버트는 전 「대한매일신보」 주필로 지냈던 영국인 어니스트 베델과 함께 조선 말기 '조선을 구하기 위해 활동한 대표적인 서양인'으로 손꼽혔다. 그리고 오늘날 대한민국에서는 한국인들이 가장 좋아하는 외국인 1위로 꼽히기도 했다. 헐버트는 이방인이었으나 그리스도 안에서 이 땅의 영적 아버지요 보호자가 되었다. 그 위대한 일을 통해 이 땅에서 믿음의 조상이 된 것이다.

우리의 시작은 나의 가족, 나의 가문, 나의 가계로 하게 되지만 아브라함에게 약속하셨듯이 우리는 열방의 아버지와 어머니가 되어야 할 것이다.

복음을 갚는 후손들

20세기 초에는 우리가 복음을 전해 받는 입장에 있었다면 이제는 우리도 복음을 갚는 후손이 되었다. 말라위의 나이팅게일 백영심 선교사도 그 중 한 사람이다. 1990년 28세에 대학병원 간호사 자리를 내려놓고 아프리카로 떠난 지 21년이 지났다. 149cm의 작은 체구였지만 강단이 있던 여성은 어느덧 말라위에서 '작은 거인' '병 고쳐주는 작은 천사'로 불리는 존재가 되었다.

백 선교사는 말라위 릴롱궤에서 대양누가병원을 운영하고 있다. 2008년에 완공된 대양누가병원은 200개의 병상이 마련되어 있고, CT 촬영기계와 초음파 장비 등 첨단 의료 장비를 갖춘 말라위의 대표적 의료기관이다. 특히 환자들이 무료로 치료 받을 수 있어서 먼 지역이나 인접 국가에서도 대양누가병원을 찾는다. 2009년에만 1,333명의 신생아가 병원에서 태어나 말라위 대통령이 직접 와서 감사 인사를 전했을 정도다.

백 선교사와 말라위의 만남은 우연이었다. 젊은 시절 간호학교 재학 중에 그리스도인이 된 백 선교사는 언젠가 케냐의 마사이 부족에게 간호사가 필요하다는 이야기를 인상 깊게 들었다. 고려대부속병원에 취직한 이후에도 케냐인들의 아픈 모습이 상상되어 마음을 편히 가질 수

■ 말라위의 나이팅게일 백영심 선교사

없었다. 현실에 안주하기 어려웠던 백 선교사는 결국 병원을 그만두고 케냐로 향했다. 2년 동안 케냐에서 의료 봉사를 하는 동안 아프리카 곳곳에서 기근과 영양 결핍, 에이즈와 결핵 등의 질병으로 고통 받는 사람들을 목도했고, 그들을 혈육처럼 여기게 되었다.

의료 봉사를 끝내고 귀국했던 백 선교사는 아예 한국 생활을 정리하고 아프리카행 비행기를 탔다. 도착해서 버스를 타고 아프리카 인근 국가들을 여행하다 말라위 치무왈라에서 행보를 멈췄다. 백 선교사는 무엇에 홀린 것처럼 자신이 그곳에 있어야 한다는 절실함을 느꼈다.

주민 500명이 살고 있던 치무왈라에서 백 선교사는 주민들의 도움을 받아 벽돌을 직접 만들고 약 99평방미터(30평) 규모의 진료소를 지었다. 진료소가 생기자 하루 평균 100명 이상이 몰렸다.

"아침 문을 열기 전부터 와서 저를 기다리는 사람들도 있었어요. 아픈 것을 고칠 수 있다는 희망이 생긴 거죠."

생계는 주민들과 함께 꾸렸다. 옥수수 가루로 죽을 만들어 먹을 때도 있었고, 한국이 생각날 때는 쌀밥을 지어 주민들과 나눴다. 밤이 되면 진료소 주변은 노천 극장이 됐다. 백 선교사는 나무에 흰 천을 걸어 스크린을 대신하고 치체와어(말라위인의 80퍼센트 이상이 사용하는 언어)로 더빙한 「예수」 영화를 상영했다. 주민들은 예수님이 병을 고쳐 주고 기적을 베푸는 것에 환호했으며, 백 선교사를 하나님이 보내신 '작은 천사' '예수님의 제자'로 부르기 시작했다. 소문을 접한 다른 마을에서도 진료를 와달라고 요청했다. 하지만 진료소는 직원과 약품 등 모든 것이 부족했다.

다섯 살짜리 어린이가 엄마에게 업혀 왔는데, 헤모글로빈 수치가 치명적으로 낮았어요. 멀리 떨어진 병원으로 급히 이송하던 중에 제 팔에 얼굴을 묻은 채 영영 일어나질 못했어요. 그때부터 이들을 도울 수 있는 큰 병원을 지어달라며 울면서 부르짖었죠.

백 선교사는 병원 건축을 도와줄 사람을 수소문했다. 이 와중에 전화 한 통이 걸려왔다. 대양상선 정유근 회장이 백 선교사의 소문을 듣고 현지에 큰 병원을 세우겠다며 전화한 것이다. 정 회장은 '돈을 벌면 아프리카의 어려운 사람들을 돕자'고 다짐했었는데, 우연한 기회에 말라위 한인 교민들을 만나 백 선교사의 이야기를 전해 들었다고 했다. 정 회장은 사재를 털어 대양누가병원 설립을 도왔다.

이후로도 대양상선을 통해 매월 1억 원 이상씩 지원하고 있다. 병원 설립 취지를 들은 한국국제협력단(KOICA)과 일본의 NGO는 의료 장비를 지원했다. 미국, 대만, 노르웨이, 스코틀랜드의 선교 NGO 단체들도 병원 설립에 힘을 보탰다. 작년 10월에는 병원 옆에 간호대학도 세웠다. 말라위 사람들이 의료 기술을 배워야 의료진이 턱없이 부족한 상황을 해결할 수 있다고 생각했기 때문이었다.

이와 함께 백 선교사는 2012년에 의과대학도 설립할 계획을 가졌다. 작년 겨울에 후원을 요청하러 한국에 온 그녀는 후원해 주겠다는 사람들의 반응에 기뻤지만, 스멀스멀 암세포가 몸속에 퍼진 것도 알게 되었다. 의사는 갑상선암이라고 했다.

청천벽력과도 같은 소식에 좌절할 법도 했지만 그럴 시간도 없었다.

백 선교사는 병원의 앞날이 더 걱정이었다. 다행히 자신을 도와줄 적임자가 나타났다. 그 주인공은 김수지 박사(이화여대)로 칠순에 다다른 노장이다. 편안하게 여생을 보낼 시점에 내린 결단인 셈이다. 김 박사는 2년 동안 말라위에서 간호 인력을 양성하고 말라위 보건복지부 인프라를 구축하는 일에 힘쓸 계획이라고 했다.

스와질랜드의 슈바이처

가난의 땅 아프리카에서 희망의 씨를 싹틔우고 있는 또 다른 한국 사람이 있다. 아프리카 스와질랜드의 수도 음바바네에서 외과 의사로 의술을 펼치는 민병준 박사가 바로 그 주인공이다. 그는 아프리카에서 33년간 무의촌 진료를 실천하고 있다.

여기까지 오는 비행기표의 값이 1천800달러인데, 이 정도면 가뭄 때문에 굶주리는 아프리카 어린이 1천 명에게 밥 한 끼를 먹일 수 있는 돈입니다. 이 돈을 들여서라도 여기에 와야겠다고 결심한 건 여러분에게 우리와 함께 사는 지구촌 동포의 현실을 알리기 위해서입니다. 아프리카의 환자들이 나를 원하는 한 앞으로도 계속 열심히 일할 테니 뒤에서 지켜봐 주세요.

이상은 경기고의 자랑스런 경기인상을 수상하러 귀국한 민병준 박사의 인터뷰 내용 중 일부다. 사실 누군가를 위해 헌신한다는 것은 참으로 어려운 일이다. 그것도 먹을 것도 부족한 열사의 나라에서 무서운 질병과 싸우면서 아무런 관계없는 사람들을 위해 청춘을 불사르기는 참으로 어려운 일이다. 33년이라는 세월이 흘러 이제 그는 백발의 의사가 되었지만, 그 빛나는 눈빛과 세계를 향한 끝없는 사랑은 많은 사람들을 감동시켰다.

민 박사는 고려대 의대를 졸업하고 동부시립병원 외과 과장을 지내는 등 소위 '잘 나가는' 의사 중 한 명이었다. 그가 이름도 낯선 스와질랜드에 간 것은 지난 1980년이다. 외과의사가 한 명도 없는 스와질랜드 정부가 우리 정부에 의료진 파견을 요청해 왔고, 이에 정부는 당시 우간다에서 5년간 파견 근무를 마치고 귀국하려던 민 박사에게 스와질랜드에서 근무해 달라는 부탁을 했기 때문이다. 스와질랜드로 옮겨 간 뒤 그곳 정부 병원에서 10년 동안 외과 과장으로 근무했다. 파견 기간이 끝난 뒤엔 귀국하지 않고 아예 그곳에 개인 병원을 개업해 눌러 앉았다. 차마 그들을 두고 고국에 돌아올 수 없었기 때문이다.

스와질랜드에서는 왕부터 촌부까지 외과 의사가 필요한 사람은 모두 그의 환자다. 때문에 왕실 주치의이면서 무의촌으로 순회 진료를 다니는 '닥터 민'을 모르는 사람이 없다. 2006년에는 한국국제협력단(KOICA)과 한국평화의료재단의 지원으로 에이즈 치료시설 등을 갖춘 '햇볕쉼터'와 '은고와니의료센터'를 각각 짓기도 했다. 이런 공로를 인정받아 2005년에는 스

■ 스와질랜드의 슈바이처 민병준 박사

와질랜드 대한민국 명예총영사에 임명됐다. 그는 이렇게 말한다.

부모님이나 형제들과 함께할 수 있는 시간은 없었지만 아프리카에서 우리 식구는 늘 하나였어요. 대부분의 생활이 가족 중심이었으니까요. 서울에 살았다면 어림없었겠죠. 역시 타향살이의 가장 큰 힘은 가족이에요. 귀국하자고 싫은 소리 한 번 하지 않은 집사람도 그렇지만, 아프리카의 열악한 교육 환경에서도 잘 자라준 아이들이 가장 고마워요. 맏딸은 현재 코카콜라 벨기에 지사에 근무하고 아들은 펀드매니저로 미국 보스턴에 사는데, 둘 다 아직 결혼을 안 했어요. 어서 가정을 꾸렸으면 싶어요. 나도 이제 손주를 맘껏 안아보고 싶은데 그게 맘같이 안 되네요.

민 박사에게 남은 꿈은 아프리카에서 함께 봉사할 동료가 늘어나는 것이다. 한국 의료진들이 봉사를 하고 가도 너무 단기간이라 그 효과가 적다고 한다. 정부가 은퇴한 전문의들을 고용해서 예전처럼 '파견의사'로 보내면 좋겠다는 게 그의 생각이다.

누가 이곳에 갈 것인가? 누가 가서 우리가 100년 전 받았던 빚을 갚을 것인가? 바로 우리의 후손이 아닐까? 열방을 가슴에 품고 살아가는 후손들이 바로 믿음의 가문이다.

리타 스프링거는 「You Said」라는 곡에서 다음과 같이 썼다.

You said, Lift up your eyes; The Harvest is here, the kingdom is near. You said, Ask and I'll give the nations to you.

(주 말씀하시네. 눈을 들어라. 추수할 밭이 여기 있고, 하나님 나라가 가까웠다. 주 말씀하시네. 구하라, 그러면 내가 너희에게 열방을 주리라.)

Lord, that's the cry of my heart. Distant shores and the islands will see Your light as it rises on us. O Lord, I ask for the nations.

(주님, 나의 마음이 부르짖네. 주의 빛이 우리를 비출 때 먼 바다와 섬들도 주의 빛을 보리라.)

이 얼마나 가슴 뛰는 말씀인가?

3

자녀를 좋은 나무로 키워라

우리 가문은 오랫동안 가난과 패배의 저주 속에 살아왔다.

…

과거의 장애물을 과감하게 뛰어넘자고 결심하니

우리 가족을 그토록 괴롭히던 가난의 저주가 드디어 풀렸다.

조엘 오스틴

인간 최고의 경험을 자녀에게 주고 싶은가? 그렇다면 하나님과 교통케 하라. 하나님과의 관계
에서 얻는 지식이 가장 위대하고 거기서 느끼는 사랑이 가장 큰 사랑이며, 거기서 얻는 보람만
이 영원하기 때문이다.

그리스도의 형상으로

어린아이 때가 중요하다

자녀교육의 성패 여부는 시간이다. 좋은 가문은 좋은 자녀교육으로 시작된다. 그러면 언제부터 교육이 시작되어야 할까? 당연히 마땅히 행할 길은 어릴 때부터 가르쳐야 한다. 성경은 어린아이도 하나님이 주신 영이 있고 영적 센스가 있으며, 그로 말미암아 지혜로움이 있다고 가르친다.

열왕기하 5장 1~4절 말씀을 보면 나아만 장군의 이야기가 나온다. 그는 아람 왕의 심복이자 장군인데, 한센병에 걸렸다. 때문에 큰일을 할 수 없게 되었다. 당시 그의 집에 작은 소녀 하나가 있었는데, 나아만 장군 부인의 하녀였다. 그 하녀가 수종을 들다가 주인에 대해 이야기했다.

"우리 주인이 선지자 앞에 있었으면 해결이 됐을 텐데!"

이스라엘에 10대 중반의 소녀가 전쟁 중에 사로잡혀서 나라를 잃고 이방 나라에서 비참한 식모살이를 하면서 던진 말이다. 그게 나아만에게는 복음이 되었다.

하녀의 이름은 성경에 기록되어 있지 않다. 무명이고 버려진 인생인데, 그녀의 관한 이야기가 너무나도 인상적이다. 그녀는 비참한 인생을 어린 몸으로 겪었다. 어린나이에 포로가 되어 노예시장에서 팔려서 갔는데, 너무나도 좋은 가정집에 사모님의 종으로 들어가게 되었다. 주인은 군대 장군 나아만인데 존귀한 사람이었다. 나아만은 국가를 위기에서 구원한 영웅이었으며, 이런 귀한 사람의 집에 식모로 들어가게 된 것은 불행 중 다행이었다. 하녀는 불행에 빠져서 비통하게 살지 않았다. 그 불행에서 주인을 섬기고 사랑하는 봉사자가 되었다. 하녀에겐 나아만을 구할 복음이 있었다. 이스라엘을 하나님이 심판하시므로 산산이 부서진 조각처럼 세계에 흩어졌다. 흩어진 이유는 복음을 잊어버렸기 때문이었다. 하지만 어린 소녀는 믿음이 있었고, 하나님이 함께하신다는 복음이 있었다. 그래서 나아만의 집까지 들어온 것이다.

하녀에게는 누군가에게로부터 들은 '메시지'가 있었다. 즉 생명의 양식인 말씀을 가지고 있었다. 그녀는 주인에게 그 말씀을 전했다. 생명을 준 것이며, 그것이 구원이 되었다.

소녀의 그 짧은 몇 마디가 역사를 바꾸었다. 성경은 "나아만의 살이 희어져 마치 어린아이의 살과 같이 되었다"고 증거한다. 어떻게 이런 일이 가능할까? 어린이들은 배운 대로 행한다는 특징이 있기 때문이다. 우리가 제대로 자녀교육을 하고 싶다면 어릴 때부터 시작해야 함을 성경이 가르쳐 주고 있는 것이다.

어린아이와 같은 믿음

요한복음 6장에도 비슷한 이야기가 나온다. 광야에서 주님께서 말씀하실 때 5천 명도 더 되는 사람들이 와 있었다. 시간이 지나 정오가 되자 점심을 준비해야 했다. 제자들은 그들을 섬기고 도와주고 싶었지만 방법이 없었다. 주님을 가까이 모시면서 훈련 받는 중인 제자들이었지만 아무도 이 상황을 타개해 도울 수 없었다. 그런데 안드레가 소년을 데려왔다. 소년은 물고기 2마리와 떡 5개를 가지고 있었다. 이성적인 눈으로 볼 땐 작았지만 아이의 눈에는 충분한 양이 되는 그런 재료였다. 결국 어린아이가 이 문제를 해결했다. 결론적으로 말하자면 우리의 가정이나 교회에서 만난 일들이 아이들을 통해서 하나님의 축복이 올 수 있도록 하나님께 영광을 돌린다는 것이다. 그래서 가정이나 사회의 목표를 거기에 두어야 한다.

한 가문이 어려울 때 어디에 투자하는 것이 가장 빠른 길일까? 답은 자녀에게 투자하라는 것이다. 자녀들은 가능성이며 무한대의 희망이기 때문이다. 아이들에게 미래를 걸어야 오늘날 우리가 가지고 있는 수많은 문제의 해답을 들을 수 있다는 것이다. 또 다윗이 골리앗을 죽일 수 있었던 것도 사울 왕이 다윗에게 전쟁에 나갈 수 있도록 허락했던 것도 같은 맥락이다. 사울 왕은 또 다른 일을 했다. 사울이 다윗에게 말하기를, "하나님께서 너와 함께하신다"라고 축복했다. 기회만 준 것이 아니라 그가 나갈 때 기도의 지원을 소년 다윗에게 했다는 사실이다.

오천 명을 먹인 기적에서의 교훈은 무엇일까? 아이가 무엇을 가지고 있는지 보아야 한다는 것이다. 하나님이 주신 선물인 아이들은 미래를 가지고 온다. 묵은 것을 내보낼 새로운 것을 안겨다준다. 안드레는 그가 할 일을 했다. 즉 가정과 교회에서 아이들이 무엇을 가지고 있는지와 그들의 가능성과 은사가 무엇인지를 발견하는 일, 또 그것을 양육하고 키워서 하나님이 주신 은사들을 잘 계발시키고 하나님의 일꾼으로 키워야 할 책임이 지도자들에게 있음을 알아야 된다.

문제에 대한 솔루션의 성경적인 원리를 발견해야만 한다. 그것은 곧 내일은 오늘의 젊은 세대들에게 축복을 맡겼다는 것이다. 우리의 자녀들을 통해서 내일은 오늘이 된다. 오늘 우리의 자녀에 대해서 이 일을 하지 않는다면 내일은 없다.

오늘날 어디를 가든 헐벗고 부끄러운 모습들이 있다. 사회에도, 교회에도, 그리고 가정에도 문제가 있다. 그러므로 자녀들을 통해서 부끄러움이 가려지게 되기를 희망해야 한다. 그래야 다음 세대는 즐거움과 기쁨이 될 것이다. 우리의 목표는 이것을 해나갈 수 있는 관심과 기도다. 바로 어린이가 해답이다(children as solution).

어린아이들은 교육의 대상이기도 하지만 그들이 교육의 주체란 사실을 잊으면 안 된다. 어른들이 어린이들을 외면하는 이유는 그들이 교육의 주체가 될 수 없을 것이라는 지레짐작 때문이다. 하지만 성경은 다윗, 사무엘, 요나단, 나아만 장군의 계집종을 통하여 어린이들도 하나님 나라의 해답이 될 수 있음을 가르쳐 주고 있다.

키, 지혜, 인성, 사회성

예수님도 사람으로 오셨기 때문에 우리와 동일한 성장과정을 거치셨다. 그분이 성장한 모습을 보면 인간의 정상적인 성장이 어떻게 되는지를 보여준다. 성경은 예수님의 성장 모습에 대해 이렇게 기록하고 있다.

예수는 지혜와 키가 자라가며 하나님과 사람에게 더욱 사랑스러워 가시더라(누가복음 2:52)

여기서 키는 일반적으로 뇌간과 관계가 있다고 할 수 있다. 지혜는 변연계와 대뇌피질에 관계가 있다. 그리고 사람에게 사랑스러워져 가는 사회성은 대뇌피질과 전두엽과 관계가 있다. 마찬가지로 하나님에게 사랑스러워져 가는 믿음도 전두엽과 가장 깊은 관계가 있다.

예수님도 우리가 자라듯이 육신적 · 감성적 · 지식적 · 영성적 삶이 골고루 자라셨다는 것을 알 수 있다. 그 중 가장 중요한 것이 영성적 삶인데, 이것이 우리의 전두엽과 가장 밀접한 관계가 있다고 보는 것이다. 일반인들 중에도 전두엽이 뛰어난 위인들이 많다.

미국의 대통령이었던 레이건은 한때 삼류배우에 지나지 않았다. 또 낙제생에다 형광등이라고 놀림을 당하던 아인슈타인은 훗날 상대성 원리를 발명하고 노벨상을 받을 수 있었을 뿐만 아니라 현대과학에 커다란 변혁을 가져왔다. 그런가 하면 훌륭한 재능을 타고났지만 훗날 사회의 낙제생이 되어 평생 어려움을 당하는 사람도 많다.

이와 같은 예가 아니더라도 대부분의 성공은 지능이나 단순한 이해력과는 전혀 다른 요소들에 의해 이루어진다. 성공의 80퍼센트가 지능과는 무관하게 이루어진다고 말하는 과학자들도 있다. 그들은 지능이 아니라 사회적 출신 배경과 얼마간의 행운, 그리고 무엇보다 자신의 고유한 감성과 타인의 감성에 지적으로 대처하는 능력 등에 의해 성공이 좌우된다고 말한다.

여기서 우리는 전통적인 지능의 개념을 새로이 숙고해 볼 필요성이 제기된다. 점점 복잡해지고 한 덩어리로 뒤엉켜가고 있는 세계에서 지능이란 단순한 추리력이나 형식적인 논리력, 복잡한 관계에 대한 편의적인 이해 능력, 그리고 이미 알려진 일반적인 지식 습득력 이상의 것이어야 한다. 진정한 의미의 지능이란 그 속에 이른바 창의력이나 조직력, 참여도, 동기, 심리학적인 기량이나 인간성과 같은 특성들, 즉 예전에는 전근대적으로 성격 혹은 개성이라고 일컬어져 오던 정서적·사회적 능력들을 포함하고 있는 것이다. 영성이 뛰어난 아이들은 하나님과 사람 앞에서 사랑을 받는 사회성과 영성이 뛰어나기 때문에 성공할 수 있는 가능성이 훨씬 높은 것이다.

따라서 만일 당신이 그리스도를 받아들인 첫 세대인데 아이들에게 어떻게 믿음을 심어줘야 할지 확신이 서지 않는다면 먼저 자신의 가정에 영성을 심어야 한다. 영성이란 인간을 이루는 3요소인 육·혼·영 중에 영이 주격이 되는 생활습관을 가지는 것을 말한다. 인간의 뇌는 3층 구조로 되어 있다. 인간의 뇌가 우리의 존재적 삼위일체를 설명하고 있다. 먹고 자고 움직이는 본능 외에 하나님을 인식하고 예배하고 말씀으로 변화를 받아 주님과 동행하는 방법은 대뇌신피질에 있는 앞이마 부분, 즉 전두엽에 심어주어야 한다.

사람의 뇌는 쉽게 말해 3층 건물처럼 세 부분으로 나뉜다. 뇌간, 대뇌변연계, 대뇌신피질로 구성되어 있다. 뇌간은 우리의 신진대사, 즉 호르몬, 신경, 호흡 등 우리의 가장 기초적인 몸에 관해서 통제를 한다. 그리고 대뇌변연계는 우리의 감정을 조절한다. 마지막으로 대뇌신피질은 인간이 논리적 사고를 할 수 있게끔 하는 중요한 부분이다.

사람의 본성을 주관하는 뇌간(뇌줄기, Brain Stem)은 파충류의 뇌를 닮았기 때문에 파충류 뇌라고도 불린다. 이 부위에는 신체의 호흡과 심장운동을 조절하는 생명 중추가 있을 뿐만 아니라 호르몬과 각종 면역계에도 크게 관여하고 있으며, 성취욕에 대하여 적극적으로 유지해 주는 기능도 있다.

앞에서 말하는 뇌의 3층 구조라는 표현은 어디까지나 설명하기 쉽게 편의상 만든 개념이다. 인간의 뇌는 고도로 복잡하고 유기적으로 작동하기 때문에 명확한 세 개의 층으로 나누어서 생각한다는 것이 불가능하다. 그럼에도 불구하고 흔히들 3층 구조설로 뇌를 설명하는 까닭은 그것에 입각해서 뇌를 바라보면 인간의 주요한 정신 활동인 생각 · 감정 · 무의식을 더 쉽게 이해할 수 있기 때문이다.

공룡의 몸무게는 종류에 따라 차이는 있지만, 보통 수천 킬로그램 정도 나가는 것에 비해 뇌의 무게는 고작 70그램 정도밖에 되지 않았다. 이것은 뇌의 무게가 몸무게의 2만 분의 1정도밖에 되지 않는다는 의미다. 고래나 코끼리의 뇌 무게가 몸무게의 2,000분의 1, 유인원이 100분의 1인데 반해 사람은 40분의 1을 차지한다. 만약 뇌간이 없다면 우리는 육체의 기본적인 활동을 할 수 없을 것이다.

뇌간 위에 있는 변연계는 사람의 기억 · 감정 · 호르몬을 관장한다. 변연계는 뇌간(Brain Stem)과 대뇌피질(Cerebral Cortex) 사이에 있는 신경세포의 집단으로 구성되어 있다. 변연계에는 호르몬 조절부인 시상하부와 뇌하수체가 포함되어 있다. 콩알 크기만한 시상하부는 음식을 섭취하고 체온, 수면, 혈압, 심박동, 혈당을 조절하며, 우리 몸에서 가장 중요한 호르몬 생산 공장인 뇌하수체를 조절한다. 이 부분이 파괴되거나 고장이 생기면 정상적인 생활을 영위할 수 없게 된다.

따라서 긍정적인 생각과 말을 통해 자신의 심적 능력을 고양시키도록 독서와 이야기를 통해 아이들을 인문학적으로 키워야 한다. 그렇지 않으면 저급한 육신의 쾌락에 이끌리는 삶을 살게 된다.

외적인 전두엽 손상으로도 인간성이 파괴되고 비도덕적인 인간이 된다. 사람의 영이 바로 이곳에 있기 때문이다. 이 전두엽이 집중적으로 발달하는 시기가 4살부터다. 이때부터 아이에게 행할 길을 가르쳐야 한다. 그러면 "마땅히 행할 길을 아이에게 가르치라 그리하면 늙어도 그것을 떠나지 아니하"(잠언 22:6)는 일이 일어난다. 먹이고 생각하고, 하나님을 찾게 만드는 것 중 가장 중요한 것이 세 번째인 영성적 삶을 가르치는 것이다.

전두엽 영성

주님은 환상을 통해 우리에게 말씀하신다. 다니엘 7장 1절을 보면 다니엘은 뇌로 직접 하나님의 환상을 받았다.

바벨론 왕 벨사살 원년에 다니엘이 그 침상에서 꿈을 꾸며 뇌 속으로 이상을 받고 그 꿈을 기록하며 그 일의 대략을 진술하니라(개역한글성경)

또 사무엘상 3장 1절에 보면 하나님의 말씀과 환상이 동일시되고 있다. "아이 사무엘이 엘리 앞에서 여호와를 섬길 때에는 여호와의 말씀이 희귀하여 이상이 흔히 보이지 않더라" 실제로 주님이 어린 사무엘을 세 번 부르신 것은 환상을 통해서였다(사무엘상 3:15). 주님은 오늘날에도 얼마든지 환상으로 말씀하실 수 있다.

로렌 커닝햄 목사는 20세에 중미의 바하마 섬으로 선교여행을 갔다가 신비한 환상을 보게 된다. 베개를 베고 누워서 성경을 읽고 있는데 갑자기 세계지도가 나타났다. 살아서 움직이는 지도였다. 그는 놀라서 벌떡 일어나 앉았다. 머리를 흔들고 눈을 비비면서 보았다.

모든 대륙이 한눈에 들어왔다. 가만히 보니 파도가 해변에서 대륙으로 들어왔다가 밀려나가고 그러더니 더 깊이 들어와서는 대륙을 완전히 덮는 것이었다. 그는 숨을 죽이고 지켜보았다. 장면이 바뀌더니 파도들이 청년들로 변해 대륙을 뒤덮었고, 그 청년들은 세계 방방곡곡을 돌아다니며 복음을 전하는 것이었다. 그는 그 환상을 체험한 이후 목사가 되었고, 나중에 예수전도단(YWAM)을 창설해 마침내 전 세계에 수만 명의 전임사역자를 파송하게 된다. 환상은 하나님이 우리에게 말을 거는 주요한 채널 중의 하나다. 이 환상이 우리의 전두엽을 통하여 나타나는 것이다.

전두엽의 신비

정신 기능을 담당하고 있는 대뇌피질의 구역을 네 개의 엽(葉; lobe)으로 나누어볼 수 있다. 그 중 후두엽, 두정엽, 측두엽은 보고 듣고 느낀 정보의 의미를 분석하고 계산하고 추리하고 학습하고 저장한다. 거기에 기초하여 나오게 될 동작들은 전두엽 후반부의 운동피질(motor cortex areas)에 의해 준비되지만, 전두엽의 앞부분인 전전두엽(Prefrontal lobe)의 승인을 받아야 실제로 신경망을 타고 내려가 말단의 근육들에 의해 행동으로 외부에 표출된다. 예를 들어, 뇌가 방광이 빵빵해지는 압력을 느낀 경우 뇌의 다른 부분들은 거의 자동적으로 '오줌 마렵다'로 해석하고 배뇨를 위한 만반의 준비를 하지만, 전전두엽에서는 '지금은 길을 가고 있는데 문화인으로서 부끄러우니 그럴 수 없다'라고 상황 판단을 내리게 되어 배뇨가 성사되지 않는다. 어떤 사람에게 욕을 들었다고 하자. 뇌는 그 음성 신호를 욕으로 해석하여 분노의 감정이 일으키면서 예전에 이미 학습된 적이 있는 보복의 말이나 행동들을 집행할 준비를 한다. 하지만 이 역시 전전두엽이 '원수를 사랑하라는 예수님의 말씀에 순종하자'라고 결정하면 보복 행동이 집행되지 않는다. 전전두엽이 알코올에 의해 억제되거나 사고나 질병으로 손상된 경우에는 사람의 행동과 말이 제재를 받지 않고 그냥 튀어나온다. 그래서 술에 취한 상태에서는 노상 방뇨와 폭언과 폭행이 더 흔히 생기는 것이다.

머리가 몸 전체의 사령탑이라면 전전두엽은 그 사령탑의 열쇠를 가진 사령관인 셈이다. 바로 여기에 사람의 인격, 의지력, 판단력, 도덕심과 신앙심이 들어 있고, 이 부분은 내가 어떤 사람인지를 결정하고 나의 운명을 좌지우지한다. 전전두엽의 이러한 기능에 대해 한 권위 있는 생리학 교과서는 "인간 최고의 위치를 점하는 지적인 기능들이며 인간으로서의 경험을 위해 절대 필수적이다"라고 말한다.

진리의 말씀인 성경도 이 전전두엽에 대한 놀랍고도 일관된 진술을 한다. 전전두엽이 있는 '이마' 부분은 언제나 사람의 운명을 가름하는 부분이었다. 대제사장은 자기의 이마에 "여호와께 성결"이라고 쓰인 금판을 붙였다(출애굽기 28:36~38). 반면 사탄의 종으로 일하는 음녀의 이마에는 "가증한 것들의 어미"라고 쓰여 있다. 하나님께서는 자기의 백성들을 확정하신 표로 그들의 이마에 인을 치시는데(에스겔 9:4, 요한계시록 7:3; 9:4; 13:6), 사탄도 사람들을 유혹하고 강요하여 짐승의 표를 이마와 오른손에 받게 한다(요한계시록 13:6; 20:4). 전전두엽이야말로 사람과 동물을 가장 차이나게 구별하는 부위일 뿐 아니라 의인과 악인의 영원한 운명을 갈라놓는 곳이다. 요한은 구원 받은 의인들의 이마에 하나님과 어린양의 이름이 쓰인 것을 보았다(요한계

시록 14:1; 22:4). 이마에 하나님의 이름이 쓰여 있다는 것은 하나님
이 그들의 생각 중심에 계시다는 말이다. 뇌 세포에 받아들여진 정보
가 의미심장한 장기 기억으로 저장될 때에는 뇌세포들 간의 새로운 연
결회로를 만들어낸 유전자 스위치가 켜지게 된다. 사람이 성경을 깊
이 묵상하고, 예수님을 사모하고, 성령님과 교통하고, 말씀을 실천하
는 일에 뇌를 쓰면 쓸수록 여기에 관여하는 뇌세포들 간의 상호 연결
은 더 강해지고 그 활동이 촉진된다. 그래서 다음에는 이런 일들을 하
기가 더 쉬워지고 결국 품성으로 굳어지면 사실상 그곳이 한 인간 전
체를 지배하는 곳이므로 이 사람은 예수의 영에 의해 지배되는 사람이
되고 예수의 성품이 생애를 통하여 드러날 수밖에 없다.

최고의 경험을 할 수 있는 비결

사람의 몸무게가 고양이보다 20~30배 더 나가지만, 전두엽은 500
배나 더 크다. 사람의 IQ가 고양이보다 500배 좋은 것도 아닌데 하나
님께서 이렇게 압도적으로 큰 전두엽을 주신 이유는 사람에게 영원을
사모하는 마음(전도서 3:11)이 깃들게 하시기 위함이었다. 즉 사람의
뇌 구조는 신앙을 할 수 있는 존재가 되도록 지음을 받았다. 음식을 먹
고 친구와 놀고 이성과 성생활을 즐기는 데에서 행복을 찾고 그 수준
에서 죽는 사람들이 허다하다. 동물들도 그렇게 한다. 인간 최고의 경
험은 육체의 경험이 아니다. 남들이 부러워할 만한 지위와 학식과 부
귀를 이루어내고자 일평생을 노력하다가 더러는 이루어내지만 대부분
은 실패한다. 그런 욕심은 집단으로 생활하는 원숭이들 사회에서도 볼

수 있거나 그보다 조금 낮은 수준의 현상이다. 많은 사람이 신앙을 위해 할당된 전전두엽을 제대로 활용 한 번 못 해보고 동물과 똑같은 영멸의 최후를 맞는 것은 참으로 서글픈 일이다.

인간 최고의 경험을 자녀에게 주고 싶은가? 그렇다면 하나님과 교통케 하라. 하나님과의 관계에서 얻는 지식이 가장 위대하고 거기서 느끼는 사랑이 가장 큰 사랑이며, 거기서 얻는 보람만이 영원하기 때문이다. 영적이면서도 육적인 인간은 하나님과 교통하며 영적으로도, 육적으로도 인간이 누릴 수 있는 최고의 경험을 맛보게 될 것이다.

마땅히 행할 길

사람을 사람 되게 하는 전두엽

자녀를 믿음으로 키우려면 우리의 자녀들에게 심어주어야 할 '하나님의 형상'이 무엇인지 알아야 한다. 세상의 부모들이 본성과 감성을 적절하게 조절하면서 살도록 이성을 일깨우는 교육을 시킨다면 우리는 한 걸음 더 나아가 영성을 깨우고 영성을 더욱 강화시키는 교육을 시켜야 한다.

왜 그렇게 해야 하는가? 앞에서 말한 바와 같이 우리 뇌는 기능적으로 분화되어 있기 때문이다. 즉 뇌가 위아래 3층위로 분화되어 있기에 우리 삶에 특별한 영향을 미치는 요인이 된다. 모든 동물들의 삶은 천편일률적으로 똑같지만 사람은 이 3층위의 기능적 구조 때문에 천차만별로 다른 성공과 실패의 삶을 살게 된다. 우리 뇌가 3층위 구조로 이루어져 있다는 사실을 강조하여 밝힌 사람이 미국의 인지신경과

학자 폴 맥클린이다. 그는 『뇌의 3위 일체 진화(*The Triune Brain in Evolution*)』에서 우리 뇌가 삼위일체의 형태로 되어 있다고 이야기한다. 이러한 형태적 특징은 하나님의 인간 창조 의도를 확인할 수 있는 중요한 단서가 된다. 이 부분을 연구한 박민수 박사는 『하나님의 상상력』에서 다음과 같이 말하고 있다.

여기에서 폴 맥클린이 우리 뇌의 맨 밑 층위 뇌간을 파충류로 비유한 것은, 그 영역이 파충류 수준의 본능적 사고 능력을 갖는다는 것이고, 중간 층위 변연계를 포유류로 비유한 것은 이 영역이 파충류보다 한 단계 발달한 감정적 사고 능력까지 갖는다는 것이며, 맨 위 층위 대뇌 신피질을 인간의 뇌로 비유한 것은 여기에서 인간이 인간으로서 살아가는 이성 능력과 고등 인지 사고 능력과 언어 사용 능력과 창조적 사고력 등이 발휘될 수 있다는

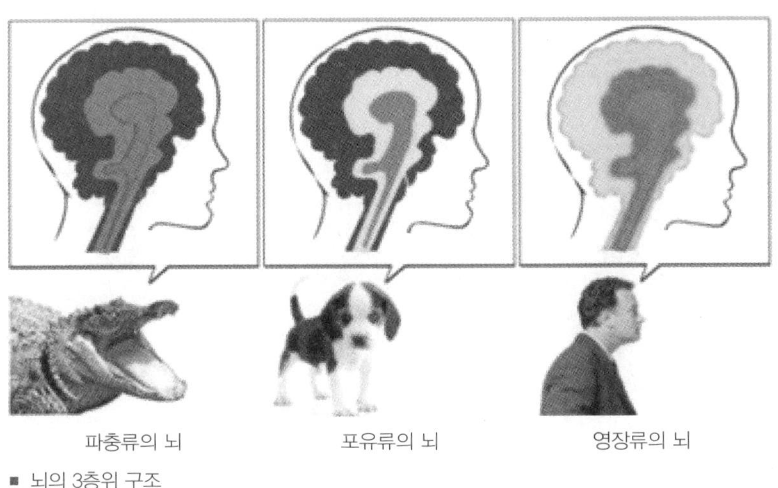

■ 뇌의 3층위 구조

판단에서입니다. ....대뇌신피질의 이성 능력이나 창조적 사고력, 통찰력 등 여러 잠재 능력이 인간을 인간답게 만드는 조건이 되는 것입니다.

여기서 말하는 대뇌신피질은 두께가 평균 2.5~3밀리미터, 표면적이 신문지 한 면(A4 크기의 종이 4장) 정도이다. 이 부위에서 이루어지는 연상(聯想) 영역이 얼마나 잘 발달해 있는가에 따라서 두뇌의 우수성이 결정된다. 특히 앞머리 부분인 전두엽이 우수하면 문화를 창조할 수 있는 가능성이 크기 때문에 연상 영역이 뛰어나게 발달한 인간이 찬란한 문화를 창조하고 이 세계를 제패할 수 있다. 그리고 이 부위가 발달하여야 영적 센스(spiritual sense)가 작동하여 결국 하나님의 형상을 회복하게 되는 것이다.

그러면 영적 센스는 어떻게 생겨나고 작동하는가? 영적인 센스는 만들어지는 것이 아니라 원래 가지고 태어난다. 인간이 하나님의 형상을 가졌다는 말은 육체와 혼을 가졌지만 영을 가진 존재로 지음을 받

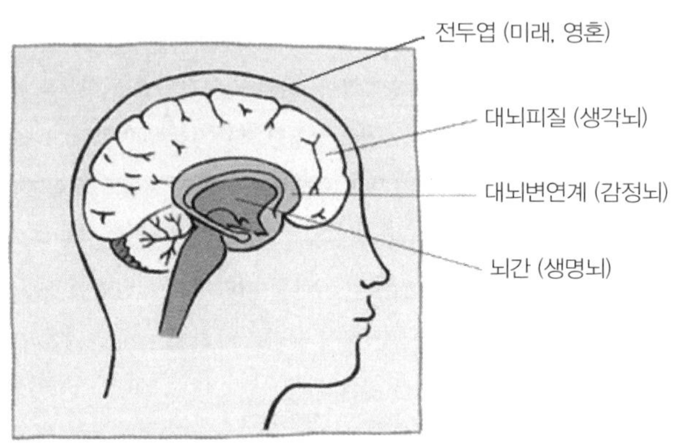

았다는 말과 같다. 그런데 아담 이후 모든 인간은 원죄로 인해 이 영적 센스가 죽은 채로 태어난다(에베소서 2:1).

4살 이전에 영적 센스를 심어야 한다

인간은 모든 가능성을 가진 채로 태어난다. 이것은 하나님의 선물이요 달란트의 축복이다. 하지만 모든 아이는 아직 미련(未練)한 상태로 태어난다. 미련이란 연마가 덜 된 상태를 말한다. 그것을 다듬는 것은 사랑과 권위에 의한 훈계다. 잠언 22장 15절에 "아이의 마음에는 미련(未練)한 것이 얽혔으나 징계하는 채찍이 이를 멀리 쫓아내리라"고 말씀하고 있다. 여기서 '미련한 것'은 아직 세련되지 않았다는 뜻이다. 성경에 성공이라는 단어가 딱 두 번 나온다. 그 중 하나가 전도서 10장 10절에 나오는데, 이렇게 기록되어 있다.

철 연장이 무디어졌는데도 날을 갈지 아니하면 힘이 더 드느니라 오직 지혜는 성공하기에 유익하니라

무딘 연장의 상태가 미련(未練)이라는 것이다. 반면 세련(細鍊)이라는 것은 가느다랗게 연마가 되어 날이 잘 드는 칼과 같다는 의미다. 이런 예화가 있다.

두 사람이 산에서 나무를 한다. 한 사람은 하루 종일 한 번도 쉬지 않고 일하는데, 두 짐 정도의 나무를 얻었다. 그런데 한 사람은 반나절 정도만 일하고 반나절은 쉬는 것 같은데 다섯 짐의 나무를 했다. 왜 그

런가? 종일 일만 한 친구가 보니 쉬어가면서 일하는 친구는 쉬는 순간순간 도끼날을 갈고 톱날을 가는 것이었다. 그래서 아주 잘 드는 연장으로 일을 하니 능률이 오를 수 있었다. 영어 성경을 보면 성공의 키워드가 지혜인데, 'wisdom'이 아니라 'skill'로 나온다. 즉 지혜는 잘 다듬어진 기술이라는 것이다. 이것을 습관의 법칙으로 설명할 수 있다. 원석을 세련되게 만드는 장인이 명품을 만들듯이 자신의 자녀를 명품으로 만들고 싶다면 어릴 때부터 마땅히 행할 길을 가르치면 된다. 영적인 센스도 이때 심어주어야 한다. 4살 전후가 가장 중요하다. 뒷장에서 구체적으로 설명을 하겠지만 모든 아이는 영재로 태어나 둔재로 자라고, 모든 아이는 예언자로 태어나 육신에 속한 자로 산다.

영성은 전도와 학습으로 자란다

하나님은 전도의 미련한 것으로 사람을 구원하시기로 작정하셨다. 우리는 바울의 고백을 잘 기억해야 한다. 고린도전서 1장 21절에서는 "하나님의 지혜에 있어서는 이 세상이 자기 지혜로 하나님을 알지 못하는 고로 하나님께서 전도의 미련한 것으로 믿는 자들을 구원하시기를 기뻐하셨도다"라고 말씀하고 있다.

전도(傳道)란 도를 전하는 것이다. 다른 말로 하면 도를 가르치는 것이다. 복음은 가르치지 않으면 모른다. 스스로 깨닫고 복음을 아는 자가 없지는 않지만 희귀하다. 썬다 싱이나 우리나라의 몇몇 분들이 진리를 찾는 가운데 주님의 현현(顯現)으로 복음을 깨달은 예는 있다. 그래도 더 깊은 복음의 이해를 위해선 반드시 도(道)의 전(傳)함이 필요했다. 복음 전도에 대한 헬라어 단어는 세 가지다.

첫째 유앙겔리조(eungelizo), 즉 복된 소식을 듣는 것이다. 이는 새로운 소식을 듣는 것이 중요함을 가르쳐준다. 둘째 케리소(keriso)로서 선포이다. 듣든지 말든지 선언적 의미가 있다. 이것은 선포를 한 사실에 대해선 믿든지 말든지 본인의 책임이 더 강하다는 의미가 있다. 셋째는 디다스케(didaske)인데, 가르치는 것과 설득하는 것을 포함하는 것이다. 복음을 제대로 가르쳐서 이해시키는 것이 중요함을 나타내는 것이다. 여기서 자녀들에게 가르치는 것이 중요함을 깨닫는다. 그래서 어린 자녀들에겐 선포하거나 전하는 것으로 그치면 안 되고 가르쳐서 설득이 될 때까지 계속해서 공부를 시켜야 복음을 이해한다는 것을 알고 시간을 두고 정성을 들이는 것이다.

가르치라(train up)

본능을 주관하는 뇌간의 경우는 가르치지 않아도 작동한다. 그것은 기본적인 대사와 생존의 욕구를 관장하는 파충류의 뇌이기 때문이다. 하지만 변연계의 경우는 학습의 정도에 따라 역할이 천차만별로 달라진다. 그리고 마지막 대뇌피질의 경우는 철저하게 학습에 따라 삶의 질이 다르게 된다. 대뇌피질 중 전두엽은 더더욱 영성이나 절제력과 같이 더 깊은 삶의 모습을 결정짓는 중요한 부위로서 부모의 역할이 더 깊이 요구되는 부분이라 할 것이다. 그러므로 본능을 제외한 변연계와 대뇌피질 그리고 전두엽에 대한 학습은 끊임 없이 목적을 가지고 의도적으로 교육을 실시해야 한다.

변연계에 대한 학습을 감성 교육이라고 하고, 대뇌피질에 대한 교육을 지성 교육이라고 한다면 전두엽에 대한 교육은 영성적 · 전인적 교육이라 할 것이다. 제대로 된 믿음의 가문을 일으키고 싶다면 우리는 감성 교육, 지성 교육과 더불어 영성적 · 전인적 교육을 동시에 가르칠 수 있는 능력을 가져야 한다. 만약 그러한 능력이 부모인 나에게 부족하다면 전문가 그룹에 맡겨서라도 그러한 능력이 자녀들에게 생기도록 도모하여야 한다. 왜 그렇게 해야 하냐면 그것이 사람을 창조한 하나님이 계획하신 사람이 마땅히 행해야 할 길이기 때문이다. 마땅히 행할 길을 제때(4~14살) 가르치지 못하면 감당할 수 없는 문제들에 부딪히게 된다. 어릴 때 가르치면 큰 힘을 들이지 않아도 될 일이 나이가 들어 가르치려면 많은 대가를 부담해도 효과가 너무나도 미미할 수밖에 없다.

오리진이 되는 부모

말이 오리진(origin)이다

한 개인이 어떻게 위대한 생각을 할 수 있을까? 한 개인이 어떻게 위대한 행동을 할 수 있을까? 그리고 어떻게 한 개인이 위대한 삶을 살다 갈 수 있을까? 필자는 늘 그것이 의문이었다. 혹시 황후(皇后)장상(將相)의 씨가 따로 있는 게 아닐까 하는 생각도 해보았다. 왜냐면 동일한 사람으로 태어나는데 한 사람은 이렇게 위대한 사람으로 살다가 가고, 한 사람은 그렇게 악행을 저지르며 살다 가는지 이해하기 어렵기 때문이다.

그런데 많은 연구를 하다 보니 오늘날 영재 수업법이 따로 있듯이 고대엔 왕자의 교육법이 따로 있었다. 왕자는 태어나는 것이 아니라 조기교육에 의해 만들어진다는 것을 깨달았다. 왕자로 태어나는 순간 그 아이가 받게 될 축복과 사랑의 언어들을 생각해 보라. 요즘 아이들이 말하는 왕자병이나 공주병이 뼛속까지 들이가게 된다. 어릴 때 받는 한마디 한마디의 언어가 사랑과 상처를 만든다.

어릴 때 던진 어머니의 말 한마디, 아버지의 말 한마디가 인생을 그렇게 만들 수 있다. 그러므로 믿음으로 영광된 가문을 만들고 싶다면 자녀들에게 비전을 심어주고 비전을 따라 기도하게 해야 한다. 자라는 자녀들에겐 비전과 환상이 중요하다.

미국 남북전쟁 직후 어니스트란 소년은 어머니로부터 큰 바위 얼굴을 닮은 아이가 태어나 훌륭한 인물이 될 것이라는 얘기를 들으며 자란다. 소년은 커서 그런 사람을 만나봤으면 하는 기대를 품고 진실하고 겸손하게 살아간다. 그는 부자, 장군, 정치인, 시인을 만났으나 기대와는 달랐다. 어느날 어니스트의 설교를 듣던 시인이 어니스트가 바로 '큰 바위 얼굴'이라고 소리친다. 하지만 어니스트는 자기보다 더 현명한 사람이 큰 바위 얼굴과 같은 용모를 하고 나타나기를 마음속으로 바란다. 이 이야기는 너대니얼 호손이 쓴 소설『큰 바위 얼굴』의 줄거리다. 어니스트처럼 어릴 적 들은 말 한마디가 인생의 나침판이 되는 경우가 많다.

부모는 자신이 오리진이 되도록 해야 한다. "나는 새 가문의 조상이다." "나는 새로운 시조가 된다." 이런 자부심을 가지고 자녀들에게 오리진이 되어야 한다. 그리고 아이들에게 믿음으로 비전을 선포해야 한다. 사람들은 대개 어릴 때 부모로부터 들은 '큰 바위 얼굴'을 가슴에 품고 살게 마련이다. 어릴 적 우연히 들은 '커서 반드시 훌륭한 인물이 될 것'이라는 덕담 섞인 예언이 어려운 고비에 처할 때마다 큰 힘이 된다. 강력한 자기암시(自己暗示)가 인생의 항로를 이끌어줄 수 있기 때문이다.

히틀러와 아이젠하워

1889년 두 아이가 태어났다. 한 아이는 오스트리아인 부부 사이에서 태어났는데, 그들은 사촌남매였기 때문에 불법 부부였다. 아버지는 몹시 성미가 급했고, 어머니는 주부나 엄마로서의 일에는 흥미가 없고 바깥 사교생활에만 흥미를 느껴 나다니기만 했다. 그러다가 아버지는 죽고, 어머니는 이 아이를 알코올중독자인 숙모에게 맡기고 달아나 버렸다. 16세가 된 소년은 학교를 중퇴하고 가출했다.

그는 닥치는 대로 일을 하면서 연명하다가 결국 독일 군대에 들어갔

■ (좌) 부모가 자녀에게 끼치는 영향이 얼마나 큰지 보여주는 사례로서 히틀러의 어머니는 주부나 엄마로서의 일에는 흥미가 없었고, 바깥 사교생활에만 흥미를 느껴 나다니기만 했다.
■ (우) 그의 아버지가 하나님을 두려워하라는 가훈을 전해 주었다고 하는 아이젠하워

다. 1차 세계대전에서 독일이 패한 후 그는 정치계에 투신하여 극렬분
자가 되었다. 반란 음모에 참여했다가 투옥되어 다시는 정치계에 나서
지 않겠다는 서약을 하고 감형 출옥의 혜택을 받았으나, 더욱 맹렬히
정치 활동을 했다. 결국 1933년 나치당의 당수로서 선거에 이겨 독일
국민의 절대영도자인 총통이 되었다.

그의 이름은 아돌프 히틀러로 그로 인해 독일과 전 세계가 전쟁에
휘말렸고, 그 후 반세기가 지난 오늘날까지도 수많은 인류가 이 아이
가 내뿜었던 독기의 후유증을 앓아야만 했다.

다른 한 아이는 미국 텍사스에서 태어났다. 이 소년은 부모의 사랑
을 흡족히 받으며 자라났다. 부모는 이 아이를 데리고 캔자스 농촌으
로 이사를 했는데, 그 이유는 농촌 생활이 이 아이의 신앙 교육에 유익
하리라고 생각했기 때문이다. 아버지는 소년에게 하나님을 두려워하
라는 가훈을 전해 주었고, 가족 모두가 교회에서 가장 적극적인 봉사
자로 이름이 높았다. 소년은 어른으로 성장한 뒤에도 어머니의 두 팔
에 안겨 간곡하게 기도하던 매일 저녁의 일과를 기억하고 있었다. 이
소년도 군대에 흥미를 느끼고 웨스트포인트 사관학교에 들어갔다.

그리고 1944년 6월 6일에 이들 두 명의 동갑내기는 유럽의 전투에
서 대면했다. 11개월에 걸쳐 히틀러는 연합군 사령관 드와이트 아이젠
하워와 싸웠다. 히틀러는 1945년 4월 30일 지하 방공대피소에서 자살
했고, 이 소식을 접한 전 세계는 박수갈채를 보냈다. 한편 아이젠하워
는 1969년 80세에 평화롭게 눈을 감았고, 그의 죽음을 전 세계가 애석
해 했다.

두 동갑내기 아이의 이야기는 부모가 아이에게 미치는 영향이 얼마나 큰 것인지를 대변해 주며, 어린이를 향한 부모의 사랑과 말 한마디가 얼마나 중요한지 웅변으로 보여주고 있다.

사랑 받기 위해 태어난 사람

가인에 비해 상대적으로 격이 낮은 이름을 받은 아벨은 자라면서 왜 자신의 이름을 '거품(허무)'이라고 지었는지 물었을 것이다. 때문에 아담은 이것을 무마하기 위해 미사여구를 섞어서 덕담을 했다. 미안했기 때문이다. 겸하여 에덴동산에서 나와 고생하게 된 이야기와 장차 에덴에 돌아갈 방법까지 소상히 가르쳐 주면서 기대감을 품었다. 에덴으로의 회복이 물거품이 된 이유를 설명하면서 가인이 아니라 어쩌면 너를 통해 에덴으로 돌아갈지 모르니 하나님께 더 좋은 예배를 드리는 사람이 되라고 가르쳤다. 하지만 인생을 처음 살아보는 아담과 하와로서는 그 때문에 가정에 불화가 생길 줄은 몰랐다. 아벨은 자라서 목자가 되었다. 가인을 여자의 후손으로 생각한 부모는 가인 아니면 혹시 아벨이라는 생각에 그에게서 회복의 역사를 기대했다. 자녀들에게 희망을 주기 위해 돌아가야 할 에덴동산에 대해 늘 이야기를 했다. 아담과 하와는 가인과 비교하여 아벨에게 큰 기대를 나타내며 편애를 했다. 형제를 키우면서 편애를 하면 반드시 보복이 돌아온다. 부모 아니면 형제에게 보복이 돌아온다. 왜냐면 사람은 사랑을 받기 위해 태어난 존재이기 때문이다.

자기암시의 반대되는 표현은 증오의 일종인 자기혐오다. 극심한 자기혐오는 뇌에 파괴적인 행동을 유발시키는 해로운 고리를 만든다. 인간은 동물 중 유일하게 남을 미워하며 받은 상처를 기억했다가 되갚는다. 히틀러와 스탈린에 의해, 그리고 중국의 문화대혁명과 캄보디아의 킬링필드에서 엄청난 사람들이 학살된 이유는 증오심 때문이었다. 증오심으로 가득차게 되면 양심의 가책조차 느끼지 않는다. 2차 세계대전 당시 나치 독일의 수용소에서 학살을 주도하던 사람이 퇴근 후 여느 가장과 다름없이 자상한 아빠로 행동했다. 증오는 마음속에 품고 있는 핵무기다. 『나는 왜 너를 미워하는가?』의 저자 러시 도지어 주니어는 증오는 인류 발전의 최상위 원칙인 생존과 번식을 위협하는 것들에 대한 공격 또는 도피를 나타내는 원초적인 감정이라고 설명한다. 가정은 사랑 받기 위해 태어난 아이들을 가장 먼저 사랑해야 하는 에덴동산이다. 에덴의 가정을 파괴한 것은 죄였고, 죄의 원인은 피조물이 스스로 하나님과 같이 되려고 했던 패륜 때문이었다. 부모들의 신앙이 얼마나 중요한가 하는 것이 창세기 4장의 중요한 메시지다. 하나님은 시내산에서 모세에게 율법을 주시면서 이렇게 말씀하셨다.

인자를 천대까지 베풀며 악과 과실과 죄를 용서하나 형벌 받을 자는 결단코 면죄하지 않고 아비의 악을 자녀 손 삼사 대까지 보응하리라(출애굽기 34:7)

실제로 부모의 덕망으로 후손이 잘되는 경우도 보지만 부모의 잘못 때문에 뼈아픈 대가를 치르고 비참한 인생을 사는 사람들도 주변에서 흔히 볼 수 있다. 프린스턴 대학의 총장을 지냈고 미국의 영적 대각성기에 가장 영향을 많이 끼쳤던 조나단 에드워즈라는 사람이 있다. 조나단 에드워즈의 부인 역시 신앙이 훌륭한 사람이었다. 어떤 사람이 조나단 에드워즈의 가계를 연구하면서 그 후손을 추적해 봤다. 조나단 에드워즈의 직계 후손은 당시까지 873명이었는데, 그 가운데 대학 총장을 지낸 사람이 12명, 교수 65명, 의사 60명, 성직자 100명, 군인 75명, 저술가 85명, 변호사 100명, 판사 30명, 공무원 80명, 하원의원 8명, 상원의원 2명, 미국 부통령 1명, 그리고 260명이 평범한 신앙인으로 지냈다고 한다.

한편 조나단 에드워즈의 어린 시절 친구 가운데 맥스 듀크라는 사람이 있었다. 그들은 함께 주일학교에 다녔는데, 어느날 맥스 듀크는 교회를 떠나 방탕한 생활을 하다가 신앙이 없는 여자와 결혼해서 여러 자녀들을 두었다. 연구자는 맥스 듀크의 후손들도 추적해 보았다. 그의 후손은 1,292명인데, 그 가운데 유아로 사망한 경우가 309명, 직업이 거지인 자손이 310명, 불구자가 440명, 매춘부 50명, 도둑이 60명, 살인자가 70명, 별 볼 일 없이 산 사람이 53명이었다.

이 두 가계의 대조는 자녀에게 미치는 부모의 영향이 얼마나 지대한가를 적나라하게 보여준다. 부모가 경건한 삶을 살 때 자녀들이 올바른 길을 간다는 것은 두 말 할 필요가 없다. 여러분이 어떤 모습으로 신앙생활을 하고 있느냐에 따라 자녀에게 신앙의 유산을 물려줄 수도 있고 죄악된 길로 인도할 수도 있다. 하나님과 동행한 에녹이 있기까지는 그 조상들의 신앙이 그만큼 하나님 앞에서 경건하고 신실했다는 점을 증거한다. 여러분이 자비롭고 공의로우신 하나님의 품성과 인격을 닮아 가고자 애쓰는 모습을 보일 때 자녀들도 부모의 모범을 따라 믿음 안에서 거할 것이다.

가정파괴범

사탄은 살인자요, 가정 파괴범이다. 사탄은 우리를 하나님과의 관계가 깨어지게 만듦으로써 자신의 멸망을 늦추기로 했다. 그래서 아담이 바쁜 틈을 타 부부의 사랑이 느슨해진 사이를 헤집고 들어와 하와를 유혹한다. 인간은 관계 중심적이기 때문에 홀로 살아갈 수 없다. 고독은 죽음에 이르는 병인데, 인간만이 감염된다. 고독과 허무라는 아픔을 통해 사탄이 들어온다. 먼저는 호기심을 자극하고 착각을 유도하고 그 다음에는 과대망상으로 넘어지게 한다. 먼저는 여자가 유혹을 당하고 남자는 여자에게 유혹을 당한다. 지금도 이 공식대로 남자가 무너지고 가정이 무너진다. 그러는 사이에 자녀들은 상처 가운데 자라게 된다. 긍정적 자기암시 대신 자기혐오를 배우게 되고, 그 상처는 가계를 따라 대물림하게 되어 결국 멸문의 과정을 거쳐 사라진다.

하나님께서는 왜 아벨의 제물을 받으셨으면서 가인의 제물을 받지 않으셨을까? 성경의 내용 자체만으로는 찾기 어렵다. 그래서 다른 본문인 히브리서 11장 4절의 도움을 찾아보면 된다. "믿음으로 아벨은 가인보다 더 나은 제사를 하나님께 드림으로 의로운 자라 하시는 증거를 얻었으니 하나님이 그 예물에 대하여 증언하심이라 그가 죽었으나 그 믿음으로써 지금도 말하느니라"

믿음으로 출산하고 믿음으로 작명하라

아벨은 믿음으로 가인보다 더 나은 제사를 하나님께 드렸다. 가인의 제물은 곡식인 반면에 아벨의 제물은 양 새끼이기 때문인가? 양 새끼를 제물로 삼으려면 잡아서 죽여야 하고, 그 과정에서 피를 흘리게 된다. 그래서 율법의 제사나 예수님의 십자가 피 흘리심과 연관시켜 그의 제사가 믿음의 제사라고 이야기하기도 한다. 믿음의 제사를 피의 제사라고 이야기한 히브리서의 기록을 봐도 맞다고 할 수 있다. 그렇지만 율법의 제사에는 곡식을 제물로 하는 소제도 있다. 곡식을 제물로 하는 제사 자체를 잘못이라고 말할 수는 없다. 예수님의 피흘리심과 연관시키는 것은 아담과 하와가 에덴동산에서 가죽 옷을 입은 것과 맥락을 같이한다. 하지만 소제도 드릴 수 있다. 문제는 두 제물에 어떤 차이가 있는가를 더 깊이 깨달아야 한다. 가인은 땅의 소산으로, 아벨은 양의 첫 새끼와 그 기름으로 드렸다고 했다. 즉 가인과 달리 아벨의 제물은 양의 첫 새끼와 그 기름이다. 여기서 중요한 것은 첫 새끼라는 것이다. 이것이 강조되어 있다. 반면 가인의 제물은 땅의 첫 소산은 아닌 듯하다. 그냥 땅의 소산이다.

가인이 농사로 소산을 얻은 시점과 아벨이 목축으로 양의 첫 새끼를 얻은 시점은 같은 것 같다. 가인은 땅의 소산을 얻고서 첫 소산은 자신을 위해 사용했다. 아마도 별다른 생각 없이 소산의 일부를 제물로 삼아 제사했을 것이다. 아벨은 첫 새끼를 하나님께 제사하는 제물로 삼았다. 그는 하나님께서 제사를 받으시도록 자신이 수고하여 얻은 첫 열매를 드리고자 한 것이다.

처음 것을 드리는 것은 내 것이 자신의 것이 아니라 하나님 것이라는 믿음이 있을 때만 가능하다. 하지만 자신에 대한 사랑, 즉 이기심이 넘치는 아이는 먼저 자기 것부터 챙긴다. 아이를 길러보면 내 것 먼저 챙기는 아이와 나누기를 좋아하며 항상 더불어 살기를 좋아하는 아이가 있다. 4살 때 이미 전두엽을 통해 옳고 그름, 사랑과 미움을 아는 지혜가 생기기 때문이다.

마시멜로 실험

몇 년 전『마시멜로 이야기』란 책이 시중에서 큰 반향을 보이며 많은 사람들에게 읽혀졌다. 그러면『마시멜로 이야기』의 가장 중요한 핵심적인 요점은 무엇일까? 미국의 심리학자 월터 미셸 교수는 4살이 되는 유치원 어린이들에게 마시멜로 과자 하나씩을 나누어주면서 이렇게 말했다.

"지금부터 15분 후에 내가 다시 올 때까지 먹지 않고 기다리는 어린이들에게는 마시멜로를 하나 더 주겠다."

그 후 창문 밖에서 유치원 어린이들이 어떻게 행동하는가를 관찰한 결과, 어린이들의 행동은 세 가지로 나타났다. 첫째는 선생님이 나가자마자 참지 못하고 바로 먹어 버리는 어린이(A형)다. 둘째는 처음에는 조금 참다가 못 참겠다고 먹어 버린 어린이(B형)다. 셋째는 선생님이 올 때까지 욕심을 끝까지 참고 기다린 어린이(C형)다.

이렇게 세 유형으로 나누어졌다. 정말 아무도 없는 빈 방에서 4살짜리가 먹고 싶은 맛있는 과자를 눈앞에 두고 15분을 참고 기다린다는 것은 정말 쉽지 않은 일이다. 이렇게 세 유형의 유치원 어린이들이 20년이 지나서 각각 어떻게 발전했는가를 다시 알아보았는데, 놀라운 사실을 알게 되었던 것이다.

먼저 15분 동안에 '마시멜로를 먹고 싶다'는 충동을 참지 못하고 그 자리에서 먹어 버렸던 그룹(A형)들은 대부분 그 학교에서 공부를 잘하지 못하는 최하위의 성적이었고, 문제를 일으키는 학생으로 자라는 모습을 볼 수 있었다. 반면에 15분 동안 먹고 싶은 충동을 끝까지 참아내고 상으로 마시멜로를 하나 더 받았던 학생 그룹(C형)들은 공부도 잘하고 있었고, 친구들과 원만하게 잘 지내고 있었으며, 개인적인 스트레스를 효과적으로 관리하여 하나같이 그 학교의 우수 집단에 속해 있었고, 학교생활도 모범적이고 성공적으로 성장하고 있는 모습을 볼 수 있었다. 진로가 4살 이전에 결정된다는 중요한 이론을 이 책은 재밌게 묘사하고 있다.

눈앞의 마시멜로를 먹고 싶다고 바로 집어먹을 것이냐, 참고 기다릴 것이냐! 이처럼 아이들도 살아가다 보면 선택을 해야 할 경우가 많이 있게 된다. 친구와 어울려 놀기만 할 것인가, 공부를 열심히 할 것인가의 선택, 컴퓨터 게임을 계속 할 것인가, 전원을 끄고 책을 가까이 할 것인가의 선택, 좋지 못한 비디오나 오락 프로그램을 계속할 것인가, 그만둘 것인가의 선택, 담배나 술을 입에 대고 싶어질 때 어떻게 할까에 대한 선택, 실내에서 뛰고 소리치고 주변을 소란스럽게 할 것인지 아닌지의 선택, 어려운 공부를 하다가 힘들 때 그만둘 것인지, 계속할 것인지 선택, 몸무게를 생각하고 햄버거나 음료수를 먹을 때 어떻게 할까의 선택, 힘든 운동을 계속하여야 할지 그만두어야 할지의 선택, 내 재주와 특기를 기르는 노력을 계속해야 할지 그만두어야 할지의 선택 등 결국 공부의 능력은 집중력과 인내력의 문제가 크다는 것을 알 수 있다. 누구나 인내심을 발휘할 수 있으면 좋으련만 사람은 훈련되고 오랜 시간동안 트레이닝을 받지 않으면 결코 집중력과 인내심을 가질 수 없다.

『마시멜로 이야기』는 '인내하는 노력과 실천'이 어떤 어려움도 이겨낼 수 있게 해주어서 미래를 성공으로 이끌어준다는 것이다. 마시멜로를 끝까지 먹지 않은 아이와 그렇지 않은 아이의 차이는 다름 아닌 전두엽에 있다는 것을 보여준다. 4살이면 이미 전두엽의 기능이 작용하며, 이때부터 전두엽이 강하게 발달되는 아이와 그렇지 못한 아이로 구분이 된다.

우리가 여기서 깨달아야 할 것은 그러면 누가 마시멜로를 먹지 않고 인내하는 아이로 만들며, 누가 참을성 없고 자기밖에 모르는 아이로 만드느냐는 것이다. 바로 그 아이를 키우고 있는 부모다.

4-14 윈도우 개념

가르치라 어릴 때

　우리의 삶을 자세히 들여다보면 사람은 학습의 동물임을 알 수 있다. 심심하면 책을 읽거나 공부를 하게 되어 있는 생리적 구조를 가진 것을 보면 그렇다. 그런데 누구든 주변에 글을 읽는 자리로 이끄는 데 방해를 주는 재밌는 것이 있으면 책을 멀리하게 된다. 그래서 컴퓨터나 TV가 있는 곳에선 쉽사리 독서력이 생기지 않는다. 제대로 된 부모들은 집안에 대개 인터넷이나 TV가 없다. 교육은 방향을 맞추어 활을 쏘는 것이다. 방향이 틀리면 아무리 힘을 주어 쏘아도 헛방이 된다. 그래서 4살 이전의 아이들이 있는 가정엔 TV나 인터넷이 있으면 안 된다. 이로 인해 아이들의 뇌가 잘못 세팅될 수 있기 때문이다.

　그러면 왜 뇌 회로가 잘못 세팅될까? 이유는 자녀들이 어릴 때는 반드시 부모의 영향력을 받기 때문이다. 그러한 이유로 유년기의 교육은 교육이 아니라 각인(刻印)이라고 하는 것이다. 잠언 22장 8절에서 "마땅히 행할 길을 아이들에게 가르쳐라 그러면 늙어도 그것을 떠나지 않으리라"고 했다. 이때 가르치라는 단어는 영어로 'train'이다. "Train up a child in the way he should go…."

'train'이 무엇이냐면 철도와 같이 열을 지어 달리는 것을 말한다. 교육이란 부모가 깔아놓은 철로를 가는 기차와 같다. 그래서 교육은 가야 할 길을 아이에게 올바르게 깔아주는 것이란 이야기다. 아이는 길을 까는 대로, 만들어주는 대로 가기 때문에 뇌의 회로인 시냅스를 제대로 만들어주어야 한다. 아이가 공부를 잘 못하는 것은 머리가 나쁜 게 아니다. 아직 그 아이에겐 공부회로가 제대로 깔리지 않았기 때문이다. 공부하는 습관이 형성되지 않았다. 그렇다면 우선 공부를 시키는 것보다 공부하는 뇌가 되도록 시냅스를 리셋팅 해야 한다. 만약 이 작업만 제대로 되면 모든 아이들은 우수한 성적을 낼 수 있다. 이것은 단순히 뇌과학적으로 말하는 것이 아니다. 실제 경험과 임상적인 실험에서 나온 것이다.

공부할 뇌회로가 잘 깔리지 않아 공부를 힘들어 하는 자녀들을 부모들이 직접 핸들링 하기는 힘들다. 왜냐면 지금의 그 아이는 부모가 깔아놓은 궤도를 따라 이미 깊이 잘못된 뇌회로가 형성되었기 때문이다. 그래서 자녀들을 향한 전문가의 코칭과 상담, 또 부모로서의 훈련과 코칭을 받아야만 원하는 결과가 기대할 수 있다.

참고로 대뇌피질의 표면적을 비교해 보면 쥐는 우표 크기만 하며, 원숭이는 엽서 크기, 침팬지는 A4 크기의 종이 한 장 정도를 차지하고 있고, 인간은 A4 크기 종이의 네 장 정도 되는 넓은 부위를 차지하고 있다.

약 450만 년 전 오스트랄로피테쿠스와 원숭이의 뇌 용량이 약 400cc 정도로 비슷했지만, 450만 년이라는 긴 세월이 흐르면서 인류의 뇌 용량은 1,250~1,500cc로 크게 발달한 데 비해 원숭이의 뇌 용량은 400~500cc로 거의 변화가 없었다. 이처럼 인간의 뇌 용량이 1,500cc로 커질 수 있었던 것은 연상 영역이 발달했기 때문이다.

뇌 신경세포의 효율성을 높이라

그렇다면 이처럼 중요한 뇌 중추 사령부를 어떻게 발전시킬 수 있을까? 가장 좋은 방법은 뇌 중추 사령부 속에 설치된 회로를 보다 치밀하게 만들어 효율성을 극대화하는 것이다. 모든 신경세포는 사용하면 할수록 회로가 많아지고 튼튼해지지만 잘 쓰지 않으면 회로가 막히고 가늘어지며 수도 적어진다. 뇌 신경세포는 끊임없이 신경 흥분을 전하기 때문에 중간에 휴식을 취해야만 신경 흥분이 원활하게 전도된다. 휴식이 없는 과도한 흥분은 신경세포를 지치게 하기 때문에 효율을 떨어뜨릴 뿐만 아니라 질병을 생기게 하므로, 중간에 적절한 휴식을 취하면서 뇌를 쓰는 것이 뇌 세포의 효율성을 높이면서 뇌를 좋게 한다.

단순 암기는 주로 창조의 뇌 밑에 있는 변연계를 발달시키기 때문에 창조의 뇌 발달에는 큰 도움을 주지 못한다. 변연계 위쪽에 있는 창조의 뇌가 발달하려면 암기보다는 원리를 생각하고 합리성을 따지는 공부를 하는 것이 더욱 효과적이다. 대뇌피질이 발달한 인간은 도구의 사용과 같은 창조적인 행동을 통해 지구를 지배할 수 있게 되었다.

인간의 아이들은 동물 중에서 가장 긴 기간 외부의 도움이 필요하기 때문에 인간의 뇌는 다양한 환경과 경험 그리고 타인들에 의해 영향을 받으며 성장하게 된다. 이렇게 미성숙하게 태어나는 인간의 뇌가 혼자서 책임지며 살아갈 정도로 발전하려면 최소 20년의 세월이 필요하다. 커가는 우리 아이들의 뇌도 나이에 따라 알맞게 서두르지 말고 차근차근 20년 동안 천천히 발달시켜 주자. 서두른다면 우리 아이의 귀중한 뇌가 망가질 수 있다는 사실을 명심하자.

인생들의 혼은 위로 올라가고 짐승의 혼은 아래 곧 땅으로 내려가는 줄을 누가 알랴(전도서 3:21)

본토, 친척, 아비 집을 떠나라

애착기와 독립기를 알아야

자녀들은 모두 다 부모를 통하여 이 세상에 온다. 그렇다고 해서 자녀가 내 소유물이라고 생각해서는 안 된다. 그래서 때가 되면 그들을 놓아주어야 한다. 성경은 1차적으로 14살이 되면 성인식을 하고 하나님 앞에서 어른으로 대우하라고 한다. 그래서 결혼을 통해 완전히 그 부모로부터 독립을 해야 한다. 독립은 자신의 부모로부터 받은 상처와 자신의 죄에서 벗어나는 것을 포함한다. 즉 모든 것을 용서하고 어른이 되어야 한다. 부모 밑에 있을 때 '나는 우리 아빠처럼 결코 되지 않을 거야!' '나는 우리 엄마처럼 바깥에서 일하지 않을 거야!'와 같은 헛된 맹세(모든 맹세가 아니다)를 하지 말아야 한다. 이처럼 헛된 맹세란 '더 이상 아무도 나에게 상처 주지 못해' '사랑을 쟁취하는 것이야' 등과 같은 우리가 무심코 내뱉는 사소한 말이나 생각들을 일컫는다. 그래야 부모로부터 온전히 떠나는 것이다. 육체적 · 정서적 · 영적으로 온전히 독립해야 한다.

아직 자녀들이 어릴 때, 원칙을 지키려고 할 때, 마음이 약해지려 할 때 그 전에 어떻게 해야 할까? 가장 중요한 원칙은 자녀들의 행위가 영적인지 육적인지를 구분하게 하는 것이다. 영적이 되면 이타적이 된다. 육적이 되면 자기중심적 욕심이 된다. 그래서 말씀에 비추어 아이의 동기가 영적인지 아닌지를 구분하게 하고, 그러한 틀 안에서 스스로 몇 가지 규칙을 정하고 지키도록 격려해야 한다. 그래야 하나님이 임재하시는 가정이 된다. 자녀들은 그래서 신앙의 모델이 필요하고, 미래를 준비하기 위한 도움이 필요하다. 그래야 믿음을 낳는 가정을 이룰 수 있다.

애착이론

특히 대뇌변연계라는 곳 중심에 편도핵이라는 것이 있다. 편도핵은

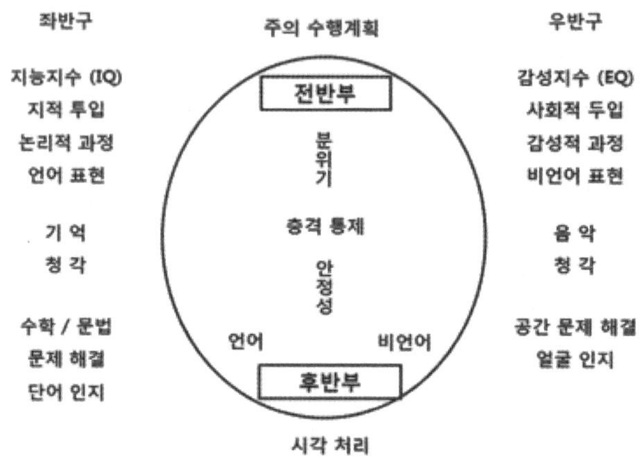

마치 슈퍼컴퓨터처럼 모든 데이터를 저장하는데, 이렇게 저장된 데이터는 바로 우리의 성격과 습관을 결정하는 것이다. 이곳에 기억된 불쾌한 기억들은 똑같은 상황이 반복되면 자기 보호 본능이 발동하여 우리의 기분을 불쾌하게 만드는 것이다. 공부가 하기 싫은 것도 여기에 기억된 것이요, 직장 상사가 싫은 것도, 일하기 싫은 것도, 학교 가기 싫은 것도, 부모가 싫은 것도, 가난이 싫은 것도 모두 이 편도핵이라는 것 때문이다.

믿음의 1세대로서 자녀들과 손자손녀들, 그 후손들이 걸어갈 길을 닦는다는 의미에서 부모의 역할은 보람되며 숭고하기까지하다. 이는 우리에게 영원한 상급을 가져다 줄 고귀한 부르심이다. 하나님은 처음부터 생육하고 번성할 방법으로 세상을 구원하시기로 작정하셨다. 사탄은 그것을 알기에 가계를 통해 세상을 타락시키기로 결정했다. 때문에 자녀들을 믿음의 사람으로 제대로 키우는 일이 이 세상에서 가장 중요한 영적인 일이다.

믿음의 첫 가문

그러나 믿음의 1세대가 진리 가운데서 가정을 세워가는 것은 쉽지 않다. 우리는 개척자처럼 손에 지도 한 장 들지 않고 후손들이 따라올 길을 찾아내야 하는 사명을 감당해야만 한다. 하나님을 알지 못하는 부모 밑에서 자란 우리는 믿음의 개척자다. 아니면 믿음이 부족한 가계에서 자랐다면 역시 믿음의 개척자가 되어야 한다. 내가 믿음의 조상이기 때문이다. 시조가 된다는 것은 축복임과 동시에 거룩한 부담이다. 필자는 그러한 부담을 가지고 결혼과 출산과 양육을 통해 믿음의 견고한 가정의 기초를 만들었다.

인생에 있어 가장 큰 축복은 무엇일까? 개인적으로 자녀를 얻는 것이라고 생각한다. 더 나아가 믿음의 가정을 이루는 것이다. 일찍이 하나님께서는 생물들과 노아와 그 아들들에게 "생육하고 번성하라"(창세기 1:22; 9:1)고 말씀하셨다. 생육하고 번성하는 것은 하나님께서 주시는 복 가운데 하나다.

많은 예비 부모와 이미 아이를 가지고 있는 부모들이 자녀를 어떻게 길러야 할지 고민한다. 세상에서 가장 어려운 일이 사람을 가르치고 기르는 일인 까닭이다. 때문에 그에 대한 도움을 얻고자 선배들에게 자문을 구하거나 육아 서적들을 섭렵하기도 한다. 그것들이 여의치 않으면 무방비 상태로 실전에 좌충우돌 임한다.

청지기적 자세

부모는 자신의 삶뿐만 아니라 자녀에 대해서도 청지기적 자세를 가져야 한다. 청지기적 자세란 자녀는 내 소유가 아니라 하나님께서 당신의 고귀한 계획을 위해 이 땅에서 자녀를 사용하시기 전에 나에게 잠시 맡겨주신 것이라는 자세다. 그러한 자세를 갖는다면 내가 바라는 대로 자녀를 가르치고 기르려는 그릇된 우를 범하지 않을 것이다.

대개의 부모들은 자식을 통해 자신이 못 다 이룬 꿈을 성취하려고 한다. 그래서 자녀의 행동을 강제하고 통제한다. 그것은 자녀에 대한 청지기적 마음이 없는 까닭이다. 자녀를 자신의 소유로 생각하기 때문이다. 즉 자신이 기준이 되는 것이다.

자녀에 대해 청지기적 자세를 갖는다는 것은 하나님을 기준으로 그들을 대하는 것을 말한다. 비록 못마땅한 행동을 하더라도 하나님의 넓은 관점에서 본다면 그것은 지적하고 통제해야 할 행동이 아니라 이해하고 부드럽게 감싸안아야 할 부분이 된다. 세상에 대해 아직 잘 모르기 때문에 발생한 행동이므로 하나님께 어찌해야 하는지 여쭙고, 그분이 그 아이에게 주신 고유의 모습으로, 그분이 원하시는 대로 변화시켜 주어야 한다.

자녀에 대해 청지기적 자세를 갖는다면 그들은 내 소유가 아니라, 내 자녀이기 이전에 하나님의 귀한 자녀라는 인식을 갖게 되기 때문에 더 아끼고 더 소중히 대하게 된다. 부모는 자녀들을 수직적 권위와 수평적 교제로 대해야 한다. 권위로 가정의 질서를 잡고 교제로 눈높이를 맞추는 것이다.

온전한 믿음의 가정을 이루는 것은 쉬운 일이 아니다. 부모는 신앙의 선배로서 존경스러운 모습을 보이든 부끄러운 모습을 보이든 그것들을 통해 본이 되어야 한다. 오늘도 믿음의 가정을 튼튼히 지키고 있는 신앙 세대와 그렇지 못한 이들에게 응원을 보낸다. 그리고 장차 신앙의 부모가 될 나의 모습을 마음속에 그려보고 준비한다.

"아버지가 저를 때린 건 맞습니다. 잘되라고 때린 거지요. 그런데 그게 제 결혼생활까지 망칠 줄은 몰랐습니다." 서른여덟 살의 성공한 한 정형외과 의사는 어린 시절 아버지로부터 맞았던 상처 때문에 자라면서 점점 분노를 키우게 되었다. 그 분노가 걷잡을 수 없게 되자 가까운 사람, 즉 아내에게 화를 냈고 결국은 결혼생활의 파탄을 맞게 되었다.

이런 사례들은 우리 주변에서 아주 비근하다. 비단 신체적인 학대만이 아닌 부모로부터 심한 비난을 듣고, 죄책감을 느끼고, 과도한 책임을 강요당하고, 과보호로 자존심에 멍이 드는 모든 상처가 다 해당된다. 이렇게 부모로부터 받은 상처는 성장 이후의 삶과 결혼생활 배우자뿐 아니라 자신의 아이에게도 아주 큰 악영향을 미치게 된다. 그리고 아이는 또다시 상처를 안고 자신의 아이에게도 이 상처를 대물림하게 된다. 대부분의 사람들은 이런 문제가 부모와 직접적인 연관이 있다고 생각하지 못하기 때문에 문제를 직시하지 못하고 해결하기에도 어려움을 느낀다.

미국 「ABC 방송」의 상담 프로그램을 진행했고 국제적으로 저명한 심리치료의인 수잔 포워드 박사는 어떤 식으로든 상처를 주는 부모를 '독이 되는 부모'라고 명명했다. 부모와 아이 모두가 행복한 삶을 살 수 있도록 대물림되는 독이 되는 상처를 치유하고 극복하는 방법을 제시했다. 오늘날 우리는 물질적으로는 많이 풍요로워졌지만 정신적으로 피폐해져 있다. 그러므로 말씀에 비추어 현재 우리의 삶을 돌아보고 올바른 부모상을 세워야 한다.

축복이 없는 가문

은혜의 가문 세우기

　얼마 전 장신대 기독교교육과 교수이신 박상진 교수가 가정의 신앙 생활에 관해 좋은 지침을 될 만한 책을 냈다. 후학들에게 박 교수의 강의는 지성과 더불어 신앙의 열정, 거기에 인품까지 조화를 이룬 좋은 강의라는 평가를 받고 있다.

　박 교수의 가문은 아는 사람은 익히 아는 유명한 신앙 명문가다. 아버지 박용묵 목사는 부흥사로 유명했던 분이셨고, 7형제가 함께 명절이면 25년째 성실하게 단기

■박상진 교수의 가문은 널리 알려진 신앙 명문가다.

의료선교를 다녀오는 집안이다. 그래서 이런 책은 자칫 형제들과 가족들의 자랑이 주가 되기 쉽고, 그래서 독자로 하여금 부러움에만 그칠 소지도 있다. 하지만 박 교수의 아버지 박용묵 목사와 어머니가 7형제를 어떻게 양육했는지에 대해서만 포커스를 맞추고 각 사례마다 기독교 교육학자로서 친절한 코멘트를 달아주어 단순한 신앙 간증이나 부모님에 대한 회고담에 머물지 않고 독자로 하여금 책 제목처럼『은혜 가문 세우기』를 권고하고 있다. 먼저 박 교수의 이야기를 들어보자.

영파(靈波) 박용묵 목사님, 나의 아버지이며 내 생애에 있어서 가장 큰 영향을 끼친 분이다. 하나님의 부르심을 받아 이 세상을 떠나신 지 십오 년의 세월이 흘렀지만, 기도 방석 위에 앉아 몇 시간이고 기도하시던 아버지의 모습은 아직도 너무나 생생한 이미지로 남아 나를 계속 형성해 가고 있다. '부모의 이미지가 자녀를 교육한다.' 이것이 자녀교육에 대한 나의 분명한 믿음이다. 그의 삶이 하나의 이미지가 되어 내 가슴에 새겨져 있다. 지

■ 매년 해외단기선교를 떠나는 박용묵 목사의 자녀들이 모인 영파선교회

금도 아버지의 이미지를 떠올리면 내 눈에 눈물이 맺히고 내 가슴이 따뜻해진다. '나도 그렇게 살아야 될 텐데….' 부모의 이미지는 생전에만 영향을 끼치는 것이 아니라 평생 동안 지속된다. 아버지께서 내게 들려주신 교훈의 내용만이 아니라 비록 침묵 속에서도 그 눈길과 몸짓 그리고 무언의 표정과 존재 자체가 소리 없는 힘이 되어 내 삶 구석구석에 영향을 끼친다.

아버지는 자녀들에게 '자랑스러운 아버지'라는 선명한 아버지상을 남겨줄 수 있어야 한다. 특히 믿음의 가정의 경우에는 더욱 그렇다. 자녀들은 교회에서 배우는 말씀이 정말 아버지와 어머니를 통하여 정확하게 구현되고 있는지를 비교한다. 그러므로 그 이미지를 바로 보여주어야 한다. 비단 박 교수의 아버지가 한국 교회를 빛낸 100대 인물로 꼽힌 훌륭한 부흥사였기 때문만이 아니다. 그 바쁜 집회 일정 속에서 무엇보다 아버지로서, 그리고 살아 있는 성숙한 신앙인으로서 박 교수와 형제들을 감동시켰기 때문에 이러한 고백을 할 수 있는 것이다. 무수한 교육 이론들이 오히려 부모들을 힘들게 하는 이 때, 하나님의 교육 방법보다는 세상의 교육 방법을 택하기 쉬운 이 때 진정한 천 대의 복을 누리는 은혜의 가정이 되기 위해 지금 우리가 무엇을 선택해야 할지에 대해 이 책에서 말하는 은혜 가문 세우기 7계명을 소개한다.

은혜 가문 세우기 7계명

경외의 원리

여호와를 경외하는 것이 지식의 근본이다. 아브라함이 이삭을 번제물로 바친 사건은, 자녀에게 자기를 바치기까지 여호와를 경외해야 한다는 것을 가르쳐 준다. 하나님을 경외하고 그 권위를 인정하는 자녀가 부모에게 순종하고 교사의 권위도 인정하게 된다.

각인의 원리

부모의 삶이 하나의 이미지가 되면 그것이 자연스런 교육이다. 부모는 아이들의 가슴속에 각인될 만한 삶을 보여주어야 한다. 언제나 텔레비전만 보는 부모의 모습, 신문만 보는 부모의 모습이 아니라 말씀 보는 모습, 기도하는 모습을 보여 주라.

대화의 원리

자녀와 눈을 맞추고 대화하는 습관이 중요하다. "예수님의 눈길로" (요한복음 1:42) 자녀를 대하는 것이다. 그리고 대화는 일방적 커뮤니케이션이 아니라 쌍방적 커뮤니케이션이 되어야 한다. 하나님께서 성육신 하셔서 우리와 대화하기 위해 이 땅에 오셨던 것처럼 말이다.

점화의 원리(긍정의 원리)

자녀교육의 가장 중요한 원리 중 하나가 자식의 준수함을 보는 것이다. 부모는 자녀의 장점을 바라볼 수 있어야 한다. 자녀가 하나님의 형상대로 지음 받은 존귀한 존재라는 사실을 알 수 있도록 칭찬하는 말, 긍정적인 말을 자주 하라.

은사의 원리

하나님은 공평하시다. 자녀에게 어느 한 부분의 능력이 부족하다고 실망할 필요는 없다. 자녀에게 주신 가능성이 무엇인지 찾아서 격려하는 부모가 지혜로운 부모다. 성경은 똑똑한 사람들의 이야기가 아니다. 자신이 가진 은사를 하나님을 위해 아낌없이 드린 사람들의 이야기임을 기억하라.

계획의 원리

교육은 인간 행동의 계획적인 변화다. 교육에 있어서 가장 주요한

14 신앙 명문가의 자녀교육 노하우 14

매년 자손들이 단기해외선교를 떠나는 박용묵 목사의 가문

노하우 1 자녀들을 위해 기도방석 위에서의 시간을 아까워 하지 마라.

노하우 2 하나님을 경외하고 그 권위를 인정하는 자녀가 부모에게 순종하고 교사의 권위도 인정하게 된다.

노하우 3 부모는 아이들의 가슴속에 각인될 만한 삶을 보여주어야 한다.

노하우 4 자녀와 눈을 맞추고 대화하는 습관이 중요하다.

노하우 5 가장 중요하고 강한 영향력을 끼치는 것은 자녀를 위해 기도하는 것이다.

것이 의도성이고 계획이다. 가정 교육 역시 마찬가지로 계획할 필요가 있다. 자녀교육의 단계별 목적 설정, 다양한 교육 활동 참여 등 자녀교육에는 부모의 적극적인 참여가 반드시 필요하다.

기도의 원리

가정의 자녀교육에 있어서 가장 중요하고 강력한 영향력을 미칠 수 있는 것은 '자녀를 위해 기도하는 것'임을 잊지 마라. 이스라엘 민족을 이끈 지도자 사무엘을 키운 것은 어머니 한나의 기도였다. 가정 형편이 나쁘다고 자녀교육을 포기하지 말고 환경을 초월하는 기도의 능력을 구하라.

은혜 가정의 기초 놓기

박 교수가 소개하는 은혜 가문의 기초를 놓는 방법을 소개하면 다음과 같다.

어노인팅 : 예배하는 가정이 하나님의 은혜 가문이다
- 탄생을 감사하라.
- 사랑은 직접적으로 훈계는 간접적으로 하라.
- 선한 경쟁으로 형제애를 심어주라.
- 기도로 하나님을 경험케 하라.
- 신앙의 자부심을 길러주라.
- 예배를 기대하게 하라.

- 훈계는 하나님에 대한 경외로 이어지게 하라.
- 일하는 현장을 자녀에게 공개하라.
- 가정의 결정에 자녀들을 참여시켜라

이미지 : 부모가 하나님의 형상으로 서는 가정이 은혜 가문이다
- 열정적 기도자가 되라.
- 몸으로 전하는 사랑을 가르치라.
- 언행일치의 삶을 보여주라.
- 지면서 이기는 법을 가르치라.
- 자녀의 가슴에 웃음을 남겨라.
- 화평의 금실을 자랑하라.
- 공부하는 모습을 보이라.

커뮤니케이션 : 의견을 나누고 서로 존중하는 가정이 은혜 가문이다
- 가족의 약속을 세워라.
- 자녀의 결정을 기다려 주라.
- 세계적인 무엇을 꿈꾸게 하라.
- 사랑을 100퍼센트 표현하라.
- 마음을 읽고 반응하라.
- 해가 지도록 분을 품지 않도록 하라.
- 신앙의 정체성을 갖게 하라.

비전 : 하나님의 꿈을 세우는 가정이 은혜 가문이다

- 자녀의 재능을 칭찬하라.

- 자녀의 능력을 믿어주라.

- 자녀의 결정을 축복하라.

- 자신감을 심어 주라.

- 자녀를 곤란에 빠뜨리지 말라.

- 자신의 소중함을 느끼게 하라.

- 가능성의 불꽃에 점화하라.

- 성령 체험을 사모하게 하라.

- 부모의 존귀함을 알게 하라.

- 실패에 낙심하지 않게 하라.

- 가정의 고난에 함께 기도하게 하라.

- 슬픔 중에 하나님을 의뢰하게 하라.

- 스스로 재능을 발견하게 하라.

- 좌절 속에서 희망을 갖게 하라.

미션 : 복음을 넉넉히 전하는 가정이 하나님의 은혜 가문이다

- 부흥, 아버지의 평생 소명을 보여주라

- 자랑스러운 은퇴 모습을 보여주라.

- 선교의 비전을 심어주라.

- 천국의 소망을 심어주라.

독이 되는 부모

부모들은 자녀를 양육하면서 '나도 모르게 어린 시절의 트라우마를 내 자식에게 터트린 일이 없는가?'를 늘 자문해야 한다. 부모와 아이 모두가 행복한 삶을 살 수 있도록 대물림되는 독이 되는 상처를 치유하고 극복하는 방법을 알아야 한다. 어린아이는 마치 백지 같아서 거기에 무엇을 쓰느냐에 따라 인생이 달라진다. 부모의 의도에 따라 아이를 가르치는 것이 다르고, 그 아이 또한 부모에게 배운 대로 살아가기 때문이다. 때문에 부모가 아무리 좋은 의도로 그랬다고 하더라도 책임은 모두 부모에게 있다.

국제적으로 저명한 심리치료 전문의인 수잔 포워드 박사는 미국 「ABC 방송」의 라디오 상담 프로그램을 진행했고, 심리치료에 관한 많은 저술과 강연 활동으로 국제적으로 주목받고 있다. 「뉴욕타임스」 선정 베스트셀러를 기록한 『독이 되는 부모(*Toxic Parents*)』를 통해 많은 가정을 치유했다. 그녀는 이 책에서 어떤 식으로든 자녀에게 상처를 주는 부모를 '독이 되는 부모'라고 말한다. 독이 되는 부모 밑에서 자란 아이들은 의식적이든 무의식적이든 부모가 아니라 자기 자신을 비난한다고 한다. 부모를 탓하는 것보다 자기를 탓하는 것이 쉽기 때문이다. 이런 아이들은 어른이 되어서도 긍정적인 자아를 갖기가 어려울 뿐더러, 자기 자신에 대한 신뢰나 가치를 상실하여 여러 가지 고통의 스펙트럼을 보인다.

이런 악순환을 끊어버리려면 어떻게 해야 하는가? 무엇보다 먼저 기억 속에 자리 잡은 잘못된 어린 시절의 경험들을 이끌어내어 문제를 직시해야 한다고 말한다. 자신에 대해 다시 정의를 내리고 책임의식에서 벗어나 자신을 믿을 때 이 악순환의 고리는 끊어지며 자녀들에게 좋은 부모가 될 수 있다. 그녀는 말한다.

독이 되는 부모는 자세히 관찰하면 7가지 유형이 있을 수 있다. 그러기 전에 먼저 부모는 자신 안에 있는 트라우마가 무엇인지 찾아야 한다. 그리고 치유해야 한다.

사실 트라우마를 갖게 되는 것은 부모의 탓이 크지만, 부모 탓만 해서는 고통이 치유되지 않으며 스스로 극복하려는 의지를 가져야 한다. 스스로 아무 문제없는 부모라고 생각해도 아이에게 뭔가를 요구하는 방법이 독이 있다.

상처가 약이 되게 하는 방법

누구라도 어렸을 적에는 혹시 내가 다리 밑에서 주워온 자식이 아닐까 하는 의심을 품은 적이 있었을 것이다. 솔직히 필자도 그런 적이 있었다. 그런데 주지하다시피 모세도 물에서 데려온 입양아였다. 바로의 공주는 왜 그의 이름을 모세라고 지었을까? 또 그 이름에서 이미 입양아임을 공주가 밝히고 있고, 장차 모세가 자신의 뿌리를 깨닫기 쉽도록 만든 이유는 무엇일까? 공주는 모세를 발견하면서 "이는 히브리 사람의 아이로다"(출애굽기 2:6)라고 외친 것과 히브리인 유모를 구한 것을 보아도 모세가 장차 자신의 정체성을 올바르게 가지도록 유도한 것이 틀림없음을 알 수 있다.

하나님은 공주의 이러한 진정한 부모된 마음을 읽으시고 모세를 담

■ 하나님이 상처를 통해 훈련하셨던 모세. 그림은 구스타브 도레의 「시내산에서 내려온 모세」
(1866, 판화)

은 갈대상자가 그녀에게로 흘러가도록 역사하셨던 것이다. 그래서 우리는 모세의 의식 속에 자신을 낳아주고 젖을 먹여준 생모 요게벳과 자신을 이집트 왕실에서 훌륭하게 키워준 양모 사이에서 정체성의 갈등을 겪었을 것을 짐작하게 해준다. 하지만 모세는 생모가 아닌 양모가 붙여준 이름으로 평생을 산 것을 보면 그에게 양모의 사랑이 적지 않았음을 깨닫게 한다. 하지만 동시에 준수하고 범상치 않게 생긴 자신의 아들을 품에 안고 눈물로 젖을 먹이던 생모는 "아브라함과 이삭과 야곱의 하나님"에 대하여 수없이 이야기를 해주었을 것이다. 어릴 적에는 누구라도 옛날이야기를 좋아하는 법이다. 이처럼 양(兩) 부모로부터 많은 사랑을 받은 모세는 자라면서 '나는 누구인가'라는 질문에서부터 민족에 대한 정체감, 종교에 대한 정체감, 그리고 자신이 '왜 나일강에 버려질 수밖에 없었을까?'에 대한 의문을 가슴에 품고 자랐을 것임은 불 보듯 뻔하다. 외면적으로는 바로의 공주의 아들로서 왕자와 같은 대우를 받으며 이집트 시민권을 가진 자로서 당당하게 살았다. 하지만 내면적으로는 고된 노예생활을 하고 있던 히브리인들이 바로 자신의 동족임을 알고 갈등과 아울러 열등감을 느끼며 성장했을 것이다. 만약 이집트 왕실이 그의 출신 성분을 알고 있었다면 그는 결코 대권의 자리에 오를 수 없을 것이라는 소수 민족 콤플렉스에 시달렸을 것이다. 또 몰랐다면 그는 평생 동안 그는 그의 신분이 탄로날까 두려워하며 보냈을 것이다.

그러던 그가 결국엔 히브리인의 정체성을 택함으로 상황이 바뀌게 되고 문제가 발생한다. 히브리서 11장에서 "모세가 장성했을 때 모세는 믿음으로 바로의 공주의 아들이라 칭함을 거절했고 도리어 하나님의 백성과 함께 고난 받기를 잠시 죄악의 낙을 누리는 것보다 더 좋아했다"라고 기록하고 있다. 사십 세가 되어 그가 광야로 망명하여 갈 수밖에 없었던 심리적 배경도 두 어머니, 두 민족, 두 종교, 두 문화 등의 갈등이 자리 잡았다고 할 수 있다. 그것은 마침내 그가 히브리인의 정체성을 가지기로 결정했음을 의미하는 것이기 때문이다. 그러나 그의 이러한 히브리인으로서의 정체성은 자라오는 중에 많이 억압되었을 것이다. 흔히 미국 이민 1.5세를 우리가 한국계-미국인으로 부르듯이 모세는 히브리계-이집트인이었던 것이다. 에릭 에리슨의 발달 심리학적 단계에서 본다면 출생 후 3개월은 여전히 부모와의 신뢰감을 형성해야 할 시기였다. 그때 아이가 받아야 했던 거절감과 버려짐은 평생 동안 모세의 무의식 속에 잠재되어 있었을 것이다. 이러한 유기감은 어린아이로 하여금 정신적 외상 경험을 당하게 했고, 실제로 바로의 공주가 그것을 발견했을 때 아이는 갈대상자 안에서 울고 있었다. 결국 이러한 무의식은 그를 주저함과 저돌성을 동시에 가진 인물로 만들었다고 할 수 있다(민수기 12:3, 출애굽기 32:19~20, 민수기 20:1~13). 그리고 40년 간 광야에서의 방황은 그의 기(氣)가 꺾이는 좌절의 연속이었다. 이것은 그에게서 나타났던 편집증 그리고 피해망상증의 행동 유형에서 알 수 있다. 그것을 아시는 하나님은 "여호와께서 미디안에서 모세에게 이르시되 애굽으로 돌아가라 네 생명을 찾던 자가 다 죽었느니라"(출4:19)라고 하시며 모세의 심중을 헤아리는 말씀을 하시는 것이다. 하나님의 치유가 시작된 것이다.

믿음 안에선 상처가 능력이 된다

대물림되는 상처

모든 어린아이는 백지와 같다. 부모가 그곳에 첫 글자로 무엇을 쓰느냐에 따라 인생이 달라진다. 대부분의 부모는 첫 글자를 잘못 새기는 것 같다. 말은 사랑이라고 새기지만 짐을 새긴다. 그렇게 부모의 생각에 따라 아이에게 가르치는 것이 다르고, 그 아이 또한 부모에게 배운 대로 살아가기 때문에 나타나는 것이 다르다. 어린아이는 부모의 요구가 자신에게 적합한지 적합하지 않은지를 판단할 수가 없기 때문에 부모가 아무리 좋은 의도로 그랬다고 하더라도 책임은 모두 부모에게 있다.

이 세상에 완벽한 부모는 없다. 어떤 부모든 가끔씩 부족한 면을 드러내게 마련이고, 아이에게 몇 가지 실수를 하기 마련이다. 그렇다고 부모들이 다 아이들에게 상처가 되는 것은 아니다. 그 중에 아이의 삶을 좌지우지하려고 들면서 끊임없이 아이들에게 군림하려는 부모들이 있다. 이런 부모들은 아이들에게 절대적으로 해를 끼친다. 부모로부터 받은 마음의 상처는 유독성 화학 물질과 같이 천천히 그리고 깊숙이 상처가 새겨진다.

하지만 이러한 상처들을 하나님은 선용하신다. 야곱에게 열두 형제가 있었는데, 같은 핏줄이지만 다 성격이 달랐다. 그래서 이스라엘이 열두 지파인 이유는 이 세상 사람들이 크게 보면 열두 가지의 성격을 가졌다는 뜻이다. 그래서 12는 이스라엘을 대표하는 숫자다. 요한계시록 14장에 보면 144,000이라는 수가 나오는데, 이 역시 열두 지파와 열두 제자가 합쳐진 숫자에 많다는 의미의 1,000이 곱해진 수다. 즉 이 세상 모든 사람들의 성격을 나누면 최고로 많이 나누어야 144,000가지의 캐릭터란 뜻이다. 그러므로 하나님은 이러한 우리의 성격을 활용해서 세상을 다양하게 만드시고, 하나님 나라도 풍성하게 하신다.

하나님은 상처를 통하여 훈련하신다

하나님은 우리가 자라면서 겪는 모든 상처까지도 아시고 사용하신다. 모세처럼 어릴 적 유기된 격리감 양 부모 사이에서 갈등하던 정체감의 괴리, 결국 유대 히브리인의 편에 섰을 때 동족으로부터 배신당한 경험, 그리고 마지막으로 광야 40년의 삶 속에서 오는 꿈의 좌절과 무력감 그리고 상실감은 그를 낮추시는 하나님의 섭리였다.

이 때문에 모세는 능력이 있으면서도 신중한 사람이 된다. 물론 이로 인하여 하나님의 명령을 받고도 쉽게 움직이지 않으려고 한다(출애굽기 4:13). 더 나아가 자기 방어기제를 사용하여 하나님을 원망한다(출애굽기 3:11). 그러나 하나님은 그러한 모세를 치유하신다. 그래서 상처와 고통, 좌절을 딛고 일어선 위대한 하나님의 종으로서 일생을 마치게 하시는 것이다.

자녀를 키우면서 완벽하게 키울 수는 없다. 어차피 하나님도 그것을 원하시는 것은 아니다. 우리가 살고 있는 곳이 온실이 아닌 이상 우리는 어차피 우리의 한계 안에서 자녀를 양육할 수밖에 없다. 그러기 위해서 무엇보다 하나님 안에서 자녀들을 말씀으로 가르쳐야 한다. 항상 자녀들에게 권위를 유지하되 겸손한 모습을 보이면서 인간 부모의 한계를 인식시켜야 한다. 그리고 진정한 아버지는 하나님 아버지임을 가르칠 때 자녀들은 제대로 된 가치관과 정체성을 가지고 하나님의 자녀로서 든든하게 서게 되는 것이다.

2세대 자녀들의 양육

아브라함이 1세대 신앙인이라면 이삭은 믿음의 아버지에게서 양육 받은 2세대 신앙인이다. 흔히 말하는 모태신앙인이다. 2세대 신앙은 1세대 신앙과 다른 양상을 보인다. 그래서 더 신앙 교육에 심혈을 쏟으며 기도해야 한다.

성경에 나오는 정황들을 볼 때 이삭은 성인아이였다고 보여진다. 하나님이 이름을 직접 지어주신 이삭은 나름대로의 신적 소명이 그에게 각인되어 있었다. 또한 외동아들이자 맏아들로서 그는 어린 시절부터 부모의 많은 사랑과 기대를 한 몸에 듬뿍 받으며 자랐다. 하지만 늦둥이로서 이미 노인이 되어버린 아브라함과 사라는 부모라는 이미지보다 엄격한 할아버지와 할머니로 부각되었다. 그래서 그는 젊은 어머니에게서 얻을 수 있는 사랑을 그리워하며 자란 성인아이였다. 이러한 가정의 역기능과 아울러 발달 단계에 어울리게 아이답게 자라지 못하고 무거운 역사적인 사명감과 장남이자 외아들로서 가계를 이어가야 한다는 중압감을 받으면서 늘 성인으로 대접받게 된 것이다. 그러던 가운데 그를 더욱 고통스럽게 만든 기억은 그가 영문도 모르고 따라갔던 모리아 산에서의 충격이었다. 그를 불시에 결박하고 죽이려 했던 아버지의 모습에서 어린아이로는 감당키 힘든 충격을 받았을 것이라는 것을 짐작할 수 있다. 이것을 의학적 용어로는 외상 후 스트레스 장애(Post-Traumatic Stress Disorder)로 불리우는 증후군을 그는 아마도 그의 인생 여정에서 가끔씩 경험했을 것이다. 장작단 위에서 아버지로부터 받았던 유기감, 배신감, 충격감, 공포감, 절망감, 무력감, 분노감, 고독감은 그의 일생의 무의식 속에 잠재되어 있다고 보아야 한다. 이로 인해 이삭은 일생을 자신 있게, 그리고 소신 있게 행동하기보다는 다른 사람을 먼저 의식하고 수동적인 행동을 주로 취하게 되는 성품으로 비쳐지게 된다. 하지만 이렇게 수동적인 이삭에게 시집온 리브가는 심히 아리따울 뿐만 아니라(창세기 24:16) 보다 적극적인 성품을 지닌 여인이었다. 리브가는 이삭과는 대조적으로 '자아의 분화(differentitation of self)'가 잘된 처녀였다. 리브가의 부모는 그녀를 적어도 그들과 함께 열흘 정도 더 머무르기를 원했지만, 그녀는 그 다음날 아침 아브라함의 종을 따라서 "가겠노라"라고 대답할 정도로 자기 표현이 분명하고 적극적인 여인이었다. 리브가를 아내로 맞이하기 전 이미 3년 전에 주요 대상이었던 어머니를 잃어 버린 이삭으로서는 리브가가 엄청난 위로가 될 것임은 불 보듯 뻔한 일이다(창세기 24:67). 하지만 이렇듯 사랑하는 두 부부 사이에도 그토록 기다렸건만 약 이십 년간 아이가 없었다. 하지만 아이가 없어도 이삭은 바람 피울 생각조차 갖지 않았다. 리브가의 파워 앞에 수동적인 성품의 이삭은 엄두도 낼 수 없었기 때문이다. 그래서 이삭은 일평생 후처가 없이 일부일처로 만족하고 살았다. 이삭은 자녀 갖기를 기도했고 리브가가 잉태하는 축복을 받으면서 부부간의 갈등은 끝을 맺는다(창세기 25:21). 그런데 리브가의 뱃속에 있는 아이들은 쌍둥이였고 배가 불러오면서 어머니는 그것을 희미하게나마 느끼게 되는 가운데 리브가는 하나님의 음성을 듣는다. 그리고 태어난 쌍둥이는 여성적인 아들 야곱은 남성 성향의 어머니와 손을 잡고, 남성 성향의 아들 에서는 여성 성향의 아버지와 손을 잡아 삼각 관계가 형성되어 진정한 가정의 연합이 깨어지고 있음을 보여준다. 이러한 삼각관계는 그들 부부 사이에 올바른 의사소통이 일어나고 있지 않다는 것을 보여준다.

마이어스-브릭스 인성 유형들의 분류에 따르면 이삭의 인성 유형은 '내향적-직관적-감정적-인식적'에 해당하다고 보여지는데, 이 유형에 속한 사람은 극소수에 해당할 정도로 흔치 않다고 한다. 이러한 사람들은 극소수의 사람들에게 열중하며 다른 것에 관심두지 않고 평탄하게 사는 것을 좋아한다고 볼 수 있다.

실제 이삭은 사회 생활과 대인 관계에서 갈등 상황을 회피하려는 경향이 짙은 사람이었다. 자신의 종들이 판 우물을 포기하고 딴 우물을 팠고, 또 그 우물을 메우면 다른 우물을 팠다. 그는 무저항적인 평화주의자였던 것이다. 그러므로 이러한 이삭의 행동 유형이 나타난 원인은 그의 소년 시절의 경험에서 찾아보는 것은 의미 있는 일이다.

우리는 하나님이 이삭에게 이러한 환경을 일부러 조성해 주었다는 사실을 알 수 있다. 어린 이삭에게 트라우마가 생길 것을 아시고서도 부러 모리아 산에서 이삭을 번제로 드리라고 한 이유가 어디 있을까? 이유는 간단하다. 우리 모두가 그렇게 순종의 사람이 되어야 하기 때문이다. 한마디로 이삭은 그 경험 때문에 일생동안 온유한 자로 살았다. 산상수훈에서 주님이 말씀하신 것처럼 평화주의자 온유한 이삭에게는 일생동안 별다른 사건 사고가 없다. 이유는 양보하는 삶이 몸에 배었기 때문이다. 온유한 자가 받는 복은 땅을 기업으로 받는 것이다.

경쟁의 사람 야곱과 그의 가문

죽은 줄로만 알았던 사랑하는 아들 요셉의 초청 비자를 받아 풍요의 나라 애굽에 도착한 야곱이 바로왕 앞에서 그의 삶을 표현했던 말은 파란만장했던 그의 삶을 의미 있게 요약하고 있다.

내 나그네 길의 세월이 일백삼십 년이나이다 나의 연세가 얼마 못 되니 우리 조상의 나그네 길의 세월에 미치지 못하나 험악한 세월을 보내었나이다 (창세기 47:10)

야곱의 삶의 역사는 창세기 25장에서 마지막 장인 50장까지에 걸쳐서 나타날 정도로 많은 분량이 할애되어 있다. 출생, 에서의 장자권과 축복을 가로챔, 외삼촌 집으로의 피난, 레아와 라헬과의 결혼, 귀향, 얍복나루 근처의 레슬링, 그리고 에서와의 만남, 디나의 강간 사건, 요셉의 상실, 요셉과의 해후, 애굽에서의 죽음으로 도식화해 볼 수 있다. 다른 성경 인물들에 비하여 그의 삶의 전반에 대한 언급이 많기 때문에 우리는 그를 잘 알고 있다고 생각한다. 하지만 그는 매우 특이한 사람이었다. 그의 삶을 특징짓는 가장 중요한 것은 경쟁이다.

성경 인물 중 유일하게 쌍둥이로 출생했던 그는 어머니의 태중에 있을 때, 그의 어머니가 태중의 아이들이 왜 싸우는지를 하나님께 물어볼 만큼 경쟁적인 삶을 살았다(창세기 25:23). 뱃속에서도 경쟁하던 야곱은 형에서의 발꿈치를 붙잡고 간발의 차이로 동생이 되었고, 이란성 쌍둥이인 이들 형제들은 평생을 경쟁하면서 살게 된다. 야곱은 어머니와 손잡고 있던 관계로 어머니의 기지로 형 에서와의 경쟁에서 결국 이기게 되는데, 그 일로 그는 형을 피하여 외삼촌의 집으로 도망가는 신세가 되었다. 그런데 삼촌의 집에서 공교롭게도 레아와 라헬은 야곱을 놓고 경쟁을 하게 되고 이로 인해 야곱은 네 명의 아내의 남편이 되어야 했다. 라헬이 한 말인 "내가 형과 크게 경쟁하여 이기었다"라고 말함으로서 이러한 경쟁은 드러난다. 레아와 라헬 사이의 경쟁은 결국 그의 자녀세대에도 필연적으로 나타나는데, 이는 그가 각기 다른 어머니로부터 많은 자식을 거느렸기 때문이다.

그렇다면 이 같은 야곱의 경쟁 심리 밑에 깔린 동기는 무엇이었을까? 에서의 '주어진' 권리와는 달리 야곱은 '획득하며' '노력해야 하며' 심지어 '속이기'까지 해야 얻을 수 있는 그의 차남 된 환경이 그를 경쟁의 심리로 이끌었다. 이러한 신분이 또한 그의 성품을 형성하는 데 결정적 요인이 되었을 것이다. 이러한 유형은 '지위 추구형' 사람이라고 볼 수 있다. 오늘날 모든 인간들이 이러한 경쟁 심리에 사로잡혀 있다. 대기업이나 대형 교회나 모든 사람들이 이런 유형에 속하기 때문에 브레이크 없는 자동차처럼 질주할 줄만 알지 멈추지를 못한다. 그 때문에 일생이 분쟁으로 남는 것이다.

　형 에서의 위협 앞에서 야곱은 어릴 적부터 사랑해 주던 어머니 리브가를 떠나가야 했던 야곱은 일생을 어머니를 잃어버린 상실감에 사로잡히게 했을 것이고, 결국 이러한 어머니에 대한 그리움은 라헬에 대한 에로스적인 사랑의 감정으로 살아나 칠 년 간의 봉사를 수일같이 여기게 했을 것이다. 무려 21년 간을 봉사하던 야곱이 결국 라반의 집을 떠나 거부가 되어 고향으로 돌아오지만, 그의 진정한 자아와의 만남은 이루어지지 않고 있었다. 그러다가 아직도 남아 있는 과거 미해결의 과제(Unfinished Business)가 그를 얍복 나루터에서 더 이상 나아갈 수 없게 붙들어 매었던 것이다. 성공의 사다리를 올라가기 위하여 타인들과 피상적인 관계를 맺어 왔던 야곱에게는 외부적인 모습으로 자신의 정체성을 동일시하는 거짓된 자아(야곱)를 탈피하고 새로운 자아(이스라엘)를 발견하는 시점이 필요했던 것이다. 부르짖는 기도(창세기 32:9~10)는 이것을 보여주는 것이다. 그가 지금까지 얻었던 모든 것을 포기하고 하나님 앞에 매달린 결과 그는 거듭나는 체험을 하게 된다. 그리고 이방 신상과 의복을 새롭게 하는 결단을 나타낸다(창세기 35:3). 그리고 단을 쌓아 제사를 드린다. 하지만 이러한 변화 뒤에도 그는 많은 아픔을 겪어야 했다. 이것은 그가 뿌린 씨앗의 결과들이었다. 특히 요셉의 사건은 그로 하여금 많은 것을 깨닫게 했을 것이다. 특히 그는 라헬의 자식이었기에.

아이들은 생활 속에서 배운다

출어이자 반어이자

"출어이자 반어이자"란 말이 있다. "내게서 나간 것이 다시 돌아온다"란 뜻이다. 그 반대도 성립한다. 아이들의 경우는 들어간 대로 나오기 때문이다. 『아이들은 생활 속에서 배운다』는 도로시 로 놀테가 쓴 책이다. 이 책은 저자가 쓴 동명의 시를 바탕으로 한 자녀양육 지침서이다. 특히 일본에서는 도로시 로 놀테의 교육철학에 감동한 나루히토 왕세자가 이 시를 그의 딸 아이코 공주를 키우는 육아 지침으로 삼는다고 발표한 이래, 현재까지도 자녀교육 분야 베스트셀러가 될 정도로 일본 국민에게 많은 사랑을 받고 있다.

시의 각 구절을 주제로 삼아 그것과 관련된 다양한 일화와 구체적인 사례를 보여주며, 일상생활에서 시가 전달하는 교훈을 매일 실천할 수 있는 방법을 알려준다. 자녀와 공감하고 아이를 배려하며 정직하고 공정하게 양육하는 현명한 접근법을 제시하고, 이를 통해 아이를 인내심과 사랑, 진실함이 넘치는 아이로 키울 수 있도록 도와준다. 아이는 부모의 행동과 말, 태도로 드러나는 모든 것을 보고 배운다. 저자는 아이들에게 가장 큰 영향력을 끼치는 모델인 부모가 이 점을 기억하고 가족생활에서 진정으로 중요한 것이 무엇인지 되돌아보고 살피는 시간을 가지기를 바라고 있다.

그러면 저자가 말하는 생활 속의 가르침은 무엇인가? 먼저 부정적인 입력이다. 다음 7가지의 부정적 입력은 반드시 부정적인 출력을 가져온다.

- 야단을 맞으며 자라는 아이들은 비난하는 것을 배운다
- 적대적 분위기에서 자라는 아이들은 싸우는 것을 배운다
- 두려움 속에서 자라는 아이들은 불안감을 배운다
- 동정을 받으며 자라는 아이들은 자기연민을 배운다
- 놀림을 받으며 자라는 아이들은 수치심을 배운다
- 질투 속에서 자라는 아이들은 시기심을 배운다
- 수치심을 느끼며 자라는 아이들은 죄책감을 배운다

그다음은 긍정적인 입력이다. 다음의 12가지 긍정적인 입력은 반드시 긍정적인 출력이 나타난다.

- 격려를 받으며 자라는 아이들은 자신감을 배운다

- 관용 속에서 자라는 아이들은 인내심을 배운다
- 칭찬속에 자라는 아이들은 남을 인정하는 것을 배운다
- 포용 속에서 자라는 아이들은 사랑을 배운다
- 허용적인 분위기 속에서 자라는 아이들은 자신을 사랑하는 법을 배운다
- 인정받으며 자라는 아이들은 목표를 갖는 것이 좋다는 것을 배운다
- 서로 나누면서 자라는 아이들은 관대함을 배운다
- 정직함 속에서 자라는 아이들은 진실함을 배운다
- 공정한 분위기 속에서 자라는 아이들은 정의를 배운다
- 친절과 배려 속에서 자라는 아이들은 남을 존중하는 법을 배운다
- 안정감을 느끼며 자라는 아이들은 자기 자신과 주변 사람에 대한 믿음을 배운다
- 친밀한 분위기 속에서 자라는 아이들은 이 세상이 살기 좋은 곳이라는 것을 배운다

간결하면서도 쉬운 이 책은 생활 속에서 소중한 경험으로 얻어진 19행의 시 한 구절 한 구절에 의미를 확대한 구체적인 사례와 설명을 통해 세상을 살아가게 한다. 『긍정의 힘』을 쓴 조엘 오스틴은 말한다.

우리 가문은 오랫동안 가난과 패배의 저주 속에 살아왔다 … 과거의 장애물을 과감하게 뛰어넘자고 결심하니 우리 가족을 그토록 괴롭히던 가난의 저주가 드디어 풀렸다.

아이는 늘 부모를 바라보고 있다. 아이들에게 이래라 저래라 시키는 말을 통해서가 아니라 당신의 행동 하나하나, 말 한마디 한마디를 보고 배우고 있다는 것을 잊지 말아야 한다. 부모는 아이들에게 가장 큰 영향력을 끼치는 모델이기 때문이다. 아이에게 가치관을 가르칠 수는 있지만 아이는 그 가르침보다 부모의 행동과 말, 태도로 드러나는 가치관을 더 잘 받아들이게 된다. 자녀는 부모가 화가 났을 때 감정을 어떻게 다스리는지, 어떻게 표현하는지, 어떻게 해결하는지를 보고 그것을 평생의 지침으로 삼는다.

때문에 아이를 키우는 데 가장 중요한 것은 어려운 뇌과학 서적을 탐독하거나, 좋은 보육시설, 좋은 학습교구를 들이는 것보다 생활 속에서 부모의 올바른 말과 행동이다. 아이들은 스펀지와 같아서 부모와 똑같은 행동을 하며 성인이 된 후에도 인간관계, 결혼생활, 그들의 자녀교육까지 부모의 행동을 대물림한다. 우리가 언제나 자랑스러워 할 수 있는 자녀의 모습, 우리의 노력에 달렸다.

아이들은 스펀지와 같다

아이들은 우리의 말과 행동 모든 것을 있는 그대로 받아들인다. 즉 아이들은 항상 우리에게서 배운다. 만약 우리가 끊임없이 다른 사람들을 비판하거나 사소한 일에 불평을 늘어놓는다면, 아이들에게 다른 사람을 비난하는 법, 더 나쁘게는 자기 자신을 비난하는 태도를 가르치고 있는 것이다. 그러다 보면 결국 아이들은 이 세상의 올바르고 아름다운 것을 선택하는 안목을 키우기보다 잘못된 점에 주목하게 된다.

내 아이보다 더 착하고 빠르고 똑똑하고 더 매력적인 아이들은 언제나 있기 마련이다. 그러나 다시 한 번 말하지만 우리는 이런 상황을 어떻게 바라볼지 선택할 수 있다. 우리 아이의 부족한 점을 보는 대신 아이들이 가진 장점에 집중하는 것이 훨씬 더 좋은 선택이다. 비교가 불가피한 경우라면 우리는 각각의 아이들이 지닌 특성을 인정하고 감사할 수 있어야 할 것이다. 자녀의 성공과 실패는 자녀들의 것이지, 우리 것이 아니라는 사실을 인식해야만 한다.

"지금은 열심히 일하고 야근이 많아도 참아 내자. 어느 정도 성공한 후에 가족과 더 많은 시간을 보낼 거야"라고 되뇔 때 자신은 속일 수 있을지 몰라도 아이들은 속이지 못할 것이다. 우리가 곁에 있든 없든 아이들은 자라나긴 하겠지만, 우리가 더 많은 시간을 함께 보낼 준비가 되었을 때는 아이들이 우리를 받아들이지 않거나 우리와 함께할 시간이 없을지도 모른다. 그러므로 아이들과 함께 보내는 시간을 최우선으로 여기는 현명한 선택을 해야 한다.

아이들이 자신이 부당하다고 느끼는 상황에 맞서 당당하게 말하기 위해서는 학교에서건, 이웃에서건 또는 훗날 직장에서건 간에 먼저 부모에게 자신들의 감정을 솔직하게 표현하는 연습을 해야 한다. 아이들이 가정에서 부당하다고 느끼고 항의할 때 우리가 그 의견을 존중해 준다면 아이들은 더 나은 변화를 위해서 상황을 바꾸는 것이 충분히 가능하다는 사실을 기억할 것이다.

4

신앙 명문가가 좋은 열매를 맺는다

못된 열매 맺는 좋은 나무가 없고
또 좋은 열매 맺는 못된 나무가 없느니라
누가복음 6:43

성경적 교육은 'train up'이라고 할 수 있다. 다시 말해 부모가 철길을 깔듯이 먼저 시범을 보이며 전통을 제시하는 것이다. 그러면 하얀 백지인 아이들의 영혼과 마음엔 하나님의 형상이 새겨지는 것이다.

가정에서의 제자훈련

가정은 훈련을 시키는 곳

하나님께서는 아브라함 때부터 여러 차례 부모에게 자녀를 가르치라고 말씀하셨다(창세기 18:18, 19). 유대인들에게 있어 모든 교육의 책임은 국가나 학교가 아니라 가정임을 성경에서 분명히 밝히고 있다. 가정에서의 교육이 안 되면 다른 곳에서의 교육도 잘 안 된다. 그런데 많은 크리스천 부모들은 성경을 잘 모른다는 이유와 사역자들이 더 잘 가르칠 거라는 막연한 확신으로 교회에 그 책임을 전가한다. 그리고 자녀가 불신자가 되면 목사를 원망하면서 뒤늦게 후회한다. 또 학업 능력이 떨어지면 학교를 원망하고 급기야 교육 정책을 잘못 편 국가를 원망한다.

그런데 모든 교육의 기초를 놓는 곳은 가정이다. 가정교육이 바로 서지 못하면 다른 어떤 노력도 허사가 될 가능성이 높다. 신명기의 말씀은 자녀들, 즉 다음 세대에 대한 현 세대의 책임을 규정하고 있다.

교육의 명령자 – 하나님 여호와

가르칠 내용 – 명령과 규례와 법도

이는 곧 너희의 하나님 여호와께서 너희에게 가르치라고 명하신 명령과 규례와 법도라(신명기 6:1)

가르칠 곳 – 약속의 땅(곧 평화시대)

가르칠 대상 – 너와 네 아들과 손자(삼대)

너희가 건너가서 차지할 땅에서 행할 것이니 곧 너와 네 아들과 네 손자들이 평생에 네 하나님 여호와를 경외하며 내가 너희에게 명한 그 모든 규례와 명령을 지키게 하기 위한 것이며(신명기 6:1~2)

교육의 효과 – 평화의 지속, 축복의 지속, 큰 번성

또 네 날을 장구하게 하기 위한 것이라 이스라엘아 듣고 삼가 그것을 행하라 그리하면 네가 복을 받고 네 조상들의 하나님 여호와께서 네게 허락하심 같이 젖과 꿀이 흐르는 땅에서 네가 크게 번성하리라(신명기 6:2~3)

교육의 밀도 – 마음을 다하고 뜻을 다하고 힘을 다해 하나님을 사랑

교육의 중요도 – 자녀에게 부지런히

이스라엘아 들으라 우리 하나님 여호와는 오직 유일한 여호와이시니 너는 마음을 다하고 뜻을 다하고 힘을 다하여 네 하나님 여호와를 사랑하라 오

늘 내가 네게 명하는 이 말씀을 너는 마음에 새기고 네 자녀에게 부지런히 가르치며(신명기 6:4~7)

교육의 방법 – 집에 앉았을 때, 길을 갈 때, 누워 있을 때, 일어날 때, 강론의 방법은 집 안팎에 눈에 띄는 모든 곳에 기록

집에 앉았을 때에든지 길을 갈 때에든지 누워 있을 때에든지 일어날 때에든지 이 말씀을 강론할 것이며 너는 또 그것을 네 손목에 매어 기호를 삼으며 네 미간에 붙여 표로 삼고 또 네 집 문설주와 바깥문에 기록할지니라(신 6:7~9)

신명기 말씀에서 보듯이 교육은 부모가 집에서 그리고 같이 길을 걸어가면서 자녀가 자기 전에 그리고 아침에 일어날 때 이 말씀을 강론하여야 했다. 이러한 가정에서의 부모가 먼저 자녀를 제자라고 생각하고 하나하나 가르쳐야 진정한 명문가가 된다. 그러면 도대체 어떻게 해야 자녀들을 하나님의 기업으로 만들 수 있을까?

암송이 가장 중요하다

성경은 자녀들에게 부지런히 가르치며 강론하라고 이야기한다. 그리고 암기하도록 손목과 미간과 집안의 눈에 띄는 요소요소에 말씀을 기록해 놓으라고 이야기한다. 즉 암송을 시키라는 것이다. 자녀들은 4살 때 폭발적으로 뇌가 자란다. 이때 거의 모든 아이는 천재가 된다. 이 시기를 놓치지 말고 사랑 가운데 암송을 시키면 하나님의 말씀이

마음에 새겨진다. 이때 제일 중요한 것이 사랑이다. 즉 애착이다. 애착이 안 된 상태에서 암송을 시키면 도파민이라는 행복 물질이 나오지 않아 아이들이 짜증을 부린다. 그런 측면에서 교육(훈련) 이전에 애착이다. 이제 말씀이 심어지면 말씀을 따라 그 마음에 하나님과 이웃을 사랑하는 믿음이 생긴다. 더 나아가 자신감 가운데 복음을 전하는 데 주저함이 없는 진정한 그리스도의 제자로 자녀를 자라게 된다.

이슬비성경암송학교 유니게 과정을 수료한 후 현재 암송학교 강사로 활약하고 있는 에스더 사모의 저서『성경 먹이는 엄마』에 나오는 이야기가 있다.

하나님의 눈으로 아들의 미래를 바라보라! 말씀을 아들과 나 사이에 두고 좀 멀찌감치 바라보니, 내 아들은 정녕 나의 것이 아니었고, 여자인 나와는 정말 다른 존재였다. 아들을 바라보는 올바른 눈을 가진다면, 우리에게 주신 이 아들을 더 이상 버거워하지 않고 감사하며 기쁘고 지혜롭게 키울 수 있을 것이라 생각한다. 성경 말씀에 의지해 아들 키우는 기쁨에 눈을 뜨라. 하나님 안에서는 정말 고생 끝에 낙이 온다. 눈물을 흘리며 씨를 뿌리러 나가는 자는 정녕 기쁨으로 그 단을 가지고 돌아온다(시 126:5~6). 내 아들이 하나님께서 거두실 기쁨의 단이 되기까지, 우리에게 필연적으로 있어야 할 눈물과 고생을 이제는 기쁘게 받아들이고 열심히 키우자.

그러면 어떻게 해야 하나님이 기쁘게 거두실 아름다운 자녀가 될 수 있을까?

첫째, '가정에 하나님을 모시는 성경 암송 훈련'은 성경 암송 태교부터 시작해 성경 암송으로 자녀의 머리와 마음에 하나님의 말씀을 새기는 것이다.

둘째, 힘들어도 지속적으로 하자. 처음엔 암송 훈련을 하면 시행착오도 있다. 하지만 영유아를 위한 단계별 암송법을 실시하면 반드시 변화가 일어난다. 에스더 사모의 이야기를 들어보자.

사실 저는 암송훈련 강의를 하면서 첫째 아이 빈이가 얼마나 암송을 잘하는지 사람들에게 보여주고 싶었습니다. 자녀들을 데리고 다니면서 암송 시범을 보이면 강의 내용이 사람들에게 더욱더 영향을 미칠 것 같았기 때문입니다. 하지만 저는 그렇게 할 수 없었습니다. 아이가 암송하는 것을 싫어하지는 않았지만 그렇다고 그리 많은 절을 암송하는 것도 아니었기 때문입니다. 그럼에도 불구하고 제가 자신 있게 강의를 할 수 있었던 이유는, 하나님의 말씀만이 내 자녀를 지킬 수 있다는 확신 때문이었습니다.

실제로 에스더 사모는 암송을 시켰던 자신의 자녀들이 어떻게 변화가 되어갔는지 실제 대화를 보자.

"동생은 오빠에게 어떻게 해야 되죠?"
그러면 조이가 큰 목소리로 대답합니다.
"순종해요!"
흐뭇한 마음으로 오빠에게 묻습니다.

"오빠는 동생에게 어떻게 해야 되죠?"

빈이가 우렁찬 목소리로 대답합니다.

"배려해야 합니다."

그리고 마지막으로 3살인 늘봄이를 부릅니다.

"강늘봄!"

"네."

"동생은 오빠와 언니에게 어떻게 해야 돼요?"

뭐라 뭐라 얘기하는데 무슨 말인지 잘 알아들을 수가 없습니다. 하지만 분명히 "순종해요"라고 대답했을 것입니다.

자녀들이 이렇게 말할 수 있는 것은 그들이 말씀을 통하여 마음에 새겨졌기 때문이다. 성경적 교육은 'train up'이다. 다시 말해 부모가 철길을 깔듯이 먼저 시범을 보이며 전통을 제시하는 것이다. 그러면 하얀 백지인 아이들의 영혼과 마음엔 하나님의 형상이 새겨지는 것이다. 사실 이러한 원리가 과학적인 이유는 우리의 뇌가 이러한 방식으로 강화되어가기 때문이다.

이러한 암송 훈련이 잘 된 아이는 자신이 천재인 줄 알며 긍정적인 착각이 일어난다. 얼마 전 이제 한의대를 다니는 막내 아들과 대화를 나눈 적이 있다. 그 녀석은 4살 때 한 주에 한 장씩 성경을 암송했다. 글자도 모르는 녀석이 제 누나들보다 더 암송을 잘했다. 그래서 암송하거나 암기하는 일에 별로 스트레스를 받지 않는다.

"아빠! 난 요즘 대학 들어가서 제 한계를 느껴요!"

"그게 무슨 소리냐?"

"대학 들어가 보니 제 머리는 머리도 아니에요!"

"그건 또 무슨 소리니?"

"진짜 머리 좋은 친구들 많아요!"

"그야 한의대쯤 되니 수재들만 모인 것 아니겠니?"

"그렇기도 하지만 정말 머리 좋은 친구들을 보면 부러워요!"

"왜?"

"아! 글쎄 제가 3일을 걸려야 외울 의학 용어를 그 녀석들은 하루면 다 외우거든요!"

"너도 나쁜 머리는 아니야!"

"사실 난 아빠 때문에 천재인줄 알고 자랐어요. 왜냐면 아빠가 늘 넌 하나님이 보내준 천재라고 했잖아요. 그래서 중학교 때까지 공부를 열심히 하지 않아서 성적은 상위권에 못 올라갔지만 언젠가 내가 열심히 하기만 하면 1등 한다는 착각이 있었거든요. 그 착각 때문에 이곳까지 왔지만 저보다 더 머리가 뛰어난 아이들 보니 질리는 것 있죠?"

필자는 아들 녀석의 엄살이 무슨 말인지 이해를 한다. 녀석은 어릴 때 암송을 잘하고 또 무슨 공부든지 기억을 잘해서 스스로 머리가 좋다는 자부심으로 살았는데, 자신보다 더 머리가 좋은 친구를 보니 부럽기도 하고 질투가 나는 것이다. 어떻게 필자와 같이 미천한 집안에서 그런 기적이 일어났을까? 방법은 간단하다. 아직 아이가 어릴 때 글자를 몰라도 암송 훈련을 시키면 반드시 맛볼 수 있는 하나님의 은혜요 축복이라는 사실이다.

어릴 때부터 계획된 훈련을 통하여 뇌의 기초, 즉 인프라를 잘 놓는 작업이 필요하다. 그리고 이 작업은 늦어도 14~17세 이전에는 꼭 해야 한다. 이 시기를 놓치면 10배의 수고를 하고도 결국 아무것도 얻지 못하거나 약하게 얻는다.

필자는 어릴 때부터 이러한 원리를 깨닫고 자녀들에게 여러 가지 뇌 훈련을 시켰다. 그 중 가장 많이 한 것이 암송 훈련과 명상의 시간을 갖는 일이었다. 지금부터 25여 년 전 일요일이면 어김없이 펼쳐지는 우리 집만의 풍경이 있었다. 그것은 성경이나 고전문과 같은 문장을 한 장씩 읽고 그것을 외우는 일이었다. 글도 모르는 어린아이들에게 고문이 아닐까 할 수도 있지만 적절한 보상을 전제로 한 게임 형태로 진행하면 신기하게도 어릴수록 더 빨리 외운다는 것을 알 수 있다.

아주 어린아이들은 외우거나 반복해서 읽는 것을 공부라고 생각지 않는다. 아직 공부에 대한 반발이나 스트레스가 없기 때문이다. 그래서 그것을 학습이 아니라 놀이라고 생각한다. 하지만 나이를 먹어 한두 번 공부 스트레스가 생기기 시작하면 힘들다. 뭔가를 외우려고 시작하면 벌써 머리가 지끈거리고 아프기부터 한다. 그러므로 아주 어릴 때부터 체계적인 암기나 구구단 외우기, 알파벳 노래 부르기, 명문장 외우기, 성경 구절 암송하기 등을 하면 큰 공을 들이지 않고도 아이들은 공부하는 머리로 자라가는 기초가 놓이게 된다.

셋째로 중요한 것이 기도의 시간을 가지는 것이다. 음악을 틀어주고 5분부터 시작하여 약 30분까지 기도를 하도록 돕는 것이다. 특히 이 나이 때는 관념적인 존재인 하나님이나 예수님, 천사나 산타클로스와 같은 존재도 실재한다고 믿기 때문에 상상력이 풍부해진다. 그리고 이러한 영원한 존재들에 생각과 이해가 전전두엽의 발달에 지대한 영향을 미치는 것이다. 또한 이러한 생각의 능력은 곧고 아름다운 성품을 만들 뿐 아니라 충동을 억제하거나 화를 자제하는 능력도 동시에 키우게 되는 것이다.

생각해 보라. 25년 전 그리 부(富)하지도 않은 어느 가정에 일요일이면 어김없이 아버지와 어머니와 그리고 세 자녀가 옹기종기 모여 앉아 성경을 암송하거나 노래를 부르며 서로 이야기하고 토론하고 있는 모습을 말이다. 또 실눈을 감고 하나님을 생각하고 영원한 삶을 그려보고 천사들과 함께 하늘을 날아다니는 상상과 함께 자신의 미래를 꿈꾸는 그 아침의 고요한 모임을 아이들은 지금도 잊지 못한다. 그 모임이 있었기에 오늘날 우리 가정의 꿈이 이루어졌으며, 또 다시 그러한 가정을 꿈꾸는 자녀들로 성장한 것이다.

넷째 독서를 시키자

누구나 질풍노도의 시기인 사춘기를 거친다. 하지만 어릴 때부터 독서훈련을 잘하고 독서력이 강한 아이는 사춘기도 가볍게 하고 지나간다. 필자의 아이들도 사춘기라는 말이 무색할 정도로 수월케 지나갔다. 왜 그럴까? 전두엽을 강화시키고 훈련시키면 가벼운 몸살 앓듯이 사춘기가 지나가는 것을 볼 수 있다. 독서를 통해 많은 간접 경험을 쌓으면 인생과 삶에 대한 많은 관조(觀照)의 눈이 생기기 때문에 이해심이 생겨 자연 사춘기를 쉽게 이기고 지나가게 된다. 유대인들은 만 13

살이 되면 성인식을 통해 독립적이고 주도적으로 살도록 부모들의 역할을 약화시킨다. 성인식을 맞는 소년은 토라 두루마리를 펴고 축복문을 낭송한다. 이어서 선지서 중의 한 부분을 히브리어로 소리 내어 읽는다. 회중 앞에서 토라를 공식적으로 읽는다는 것은 유대인들에게 특별한 축복으로 여겨져 왔다. 그러므로 토라를 편 후 먼저 축복문을 낭송함으로써 그 특권을 행사하게 한다. 아들이 낭송을 끝내자마자 부모는 아들의 말을 바로 받아 다음과 같이 화답한다. "이 아이에 대한 책임을 면케 해 주신 하나님께 영광이 있기를." 이와 같이 선포함으로써 부모는 더 이상 그 아들의 종교적 잘못에 대하여 연대책임이 없다는 것을 공적으로 증인들 앞에서 선포한다. 이는 앞으로의 모든 종교적 잘못에 대한 책임은 성인식을 하는 본인 스스로 진다는 적극적인 선포이기도 하다.

다음 순서는 소년이 말씀을 강론하는 '드라샤' 시간이다. 소년은 랍비의 도움을 받아 성인식 전에 미리 준비한 유대 율법 중 한 가지 논제를 정하여 이 날 친지들이 보는 앞에서 강론한다. 중세기 독일의 유대인들은 성인식 다음에 따로 드리는 예배 시간에 성인이 된 소년에게 설교하게 했다. 오늘날도 대부분의 유대인들은 오후 예배 시간에 성인이 된 소년으로 설교하게 하는 전통을 고수한다. 유대인들의 자녀들은 어떻게 해서 13살만 지나면 성인이 될 만큼 성숙하는가? 그 이유는 성경 암송과 『탈무드』를 통한 독서 훈련이다. 이러한 사실을 바탕으로 필자가 운영하는 대안학교에서 아이들을 상대로 독서 훈련을 시키다보니 똑 같은 현상이 발생하는 것을 경험하게 된다. 그리고 꼭 마지막 수

료식에는 순결선언식과 성인식을 거행한다.

사춘기의 아이들은 누구나 자신을 바라보는 자아감이 약하다. 그래서 늘 누군가의 눈을 의식하고 또래 집단의 가치를 쉽게 받아들인다. 때문에 조금만 친구들에게서 소외를 당하거나 왕따를 당하면 견딜 수 없어 한다.

이 시기의 아이들은 감정을 자극하면 반응하는 변연계가 발달한다. 하지만 행동을 컨트롤하는 전두엽은 덜 발달했다. 마치 3000cc급 자동차 엔진에 경차 브레이크를 달아놓은 꼴과 같다. 그래서 이 시기의 아이들은 자신의 충동적인 감정을 잘 조절하지 못한다. 때문에 전두엽에 대해 이해시키고 그들을 자극하여 훈련시키면 인내심, 절제력, 집중력이 점차 증대한다. 그런데 학교에는 이러한 훈련을 시킬 전문가가 없다. 아이들의 심리를 너무나도 모른다. 그러다보니 방치하게 되고 시간이 흐르면 이제 치료가 불가능한 상태가 되어 학습 부적응자가 되고 만다. 만약 이 아이들을 어떤 뚜렷한 방향을 가지고 독서와 암송을 통한 두뇌 훈련을 동시에 시키면 어떨까? 그 결과는 상상을 초월할 만큼 다르게 나타난다.

하나님의 선물 잘 키우기

고래를 움직이는 힘

우리 자녀들을 명문가의 귀한 일군으로 키우려면 하나님의 원리를 알아야 한다. 그리고 원칙을 분명히 해야 한다. 자녀는 하나님의 선물이요, 나는 잠시 관리할 뿐이란 것을. 또한 모든 하나님의 자녀들은 사랑 받기 위해 태어난 소중한 사람이다. 가난해도 좋지만 사랑받지 못하면 사람은 마음에 상처가 남는다. 그 상처는 오랜 시간 마음에 남아 세상에 흔적을 남긴다. 그러므로 자녀들은 늘 축복의 말과 칭찬의 말을 들으며 자라야 한다.

인제대 서울 백병원 정신과의 우종민 교수가 한 강연회장에서 청중 중의 한 여성을 일으켜 세우고 말했다.

"지금부터 당신에게 새빨간 거짓말을 하겠습니다. 당신은 매사에 긍정적이고 책임감이 있군요. 리더십이 있고 유머 감각도 좋아서 사람들이 잘 따르고 부하들의 신뢰를 얻고 있습니다….”

연사가 여성에게 느낌을 물어보자, “기분이 좋군요”라는 대답이 나왔다. 여기서 연사가 말했다.

“처음에 나는 ‘거짓말’을 하겠다고 했습니다. 그런데도 기분이 좋은가요?”

“네!”(좌중 웃음)

이 이야기는 실화다. 우 교수가 얼마 전 KT 강연회장에서 ‘실험’해 보았다고 밝힌 사례다.『우종민 교수의 뒤집는 힘』의 저자인 우 교수는 다음과 같이 말한다.

인간의 뇌는 현실과 언어를 구분할 능력이 없습니다. 분명히 거짓말이라고 전제한 칭찬을 들었는데도 당사자의 기분이 좋아진 것이 그런 예입니다.

이를 확장해 ‘인간의 뇌는 현실과 언어를 구분할 능력이 없다’고까지 말할 수 있다. 우 교수의 말에 따르면, 칭찬을 받으면 뇌에서 쾌락을 관장하는 부위가 활성화되는데, 이를 기능성 자기공명영상으로 촬영하면 즐거움에 도취된 사람과 칭찬을 받은 사람의 뇌에서 활성화되는 부위가 동일하다는 사실이 확인된다는 것이다. 즉 뇌는 현실과 언어를 혼동한다는 것이다. 게다가 뇌는 심지어 단순한 단어 몇 개의 조합에 노출된 것만으로도 큰 영향을 받고 이것은 행동의 변화로 나타난다는 사실이 심리학자들의 실험으로 확인됐다.

마음이 공부하게 한다

사람의 학습 능력을 결정짓는 것은 사실상 마음이다. 마음의 태도는 어릴 때 형성된 학습 뇌의 구성에 따라 결정된다. 학습을 좋아하게 만드는 중요한 요인이 애정이다. 즉 어릴 때 부모와의 애착 관계가 잘 되어 그때그때 즉각적인 반응을 보여준 부모 밑에 자라난 아이는 반드시 전두엽 쪽의 움직임이 활발해진다. 반면에 울어도 즉각적인 반응을 보여주지 않고 애정이 결핍된 아이들은 부모를 기쁘게 하려는 마음이 생기지를 않는다.

예를 들자면 연년생의 동생이 태어난 경우, 아이는 자신에 대한 애정이 부족할 때 부모에게 애정을 요구하는 현상이 심해진다. 동생에게만 애정을 쏟고 자신에게 부모의 애정이 결핍되는 것을 느끼면 아이의 떼가 늘고 질투까지 하게 된다. 그리고 심한 경우 동생을 구박하는 아이도 있다.

이는 아이들이 필요로 하는 것이 애정이라는 것을 보여준다. 모든 인간의 마음은 애정을 필요로 한다. 그래서 어릴 때부터 애착 관계가 부모와 잘 형성되어 있는 아이는 자신에게 사랑을 주는 사람에게 칭찬을 받기 위해 좋은 일을 한다. 반면에 좋은 일을 해도 칭찬해 주는 사람이 없거나 칭찬을 통해 도파민이 나오는 회로가 덜 형성되면 학습에 무관하게 되고 다른 방법으로 도파민이 나오도록 즐거움을 찾는다. 즐거움은 마음의 양약이라고 성경은 말하는데, 실제 도파민과 세로토닌은 우리 뇌(마음)에 좋은 양약이다.

애정이 지속적으로 나와 아이를 격려하고 고무시키면 이 세로토닌

이 많이 분비되어 명랑해지고 쾌활해진다. 명랑과 쾌활이 넘치게 되면 어지간한 학습 스트레스도 이겨내게 된다. 하지만 세로토닌 대신에 노르아드레날린이 과다 분비되면 이미 가지고 있는 학습 능력도 사라져 버린다.

예를 들면 조부모나 친척에 의해 양육되고 있는 아이들에게서 정상적인 부모 밑에서 양육 받고 있는 아이들에 비해 ADHD 증상이 더 많이 나타난다. ADHD는 과잉행동장애와 행동억제장애를 동반한 일종의 소아정신적 질환이다. 이 증상이 나타나는 물리적 화학적 원인은 전체 발병자의 30퍼센트 미만이고 70퍼센트 이상은 애정의 결핍에 따른 정신적 장애라고 할 수 있다. 그런데 ADHD마저도 애정이 원활하게 공급되고 관심을 많이 받게 되면 치료가 급속해진다는 사실이다. 포유류 중에 가장 큰 동물로 알려진 범고래를 조련사는 훈련을 통해 관람객에게 묘기를 부리게 한다. 그런데 그 범고래를 움직이는 힘은 다름 아닌 꽁치 한 마리의 보상과 칭찬이다. 그 칭찬을 바라보고 범고래는 육중한 몸을 날려 공중점프를 하며 다이빙을 하는 것이다. 애정이 교육의 밥인 것이다.

교육 이전에 관계다

따라서 항상 교육 이전에 관계를 개선해야 한다. 언젠가 필자의 자녀교육 책을 읽고 한 부녀가 상담을 요청하며 먼 길을 찾아왔다. 아버지는 공무원 생활을 하다 조기 은퇴를 하고 사업을 하고 있고, 엄마는 간호사로서 늘 바쁜 일상을 보냈다. 슬하에 두 자매가 있었는데 부모들이 원하는 쪽으로 공부를 해 주지 못했다. 그 때문에 부모와 자녀들의 관계는 상당히 위험한 상황까지 이르게 되었다. 학업 성적은 말할 것도 없고 미래나 진로에 대한 분명한 목표도 없이 무기력한 아이들이 되어 있었다. 어느 날 문득 정신을 차리고 보니 자녀들은 벌써 고등학교를 졸업할 때가 얼마 남지 않았다. 부모들로서는 더 이상 대화가 통하지 않아 진로를 지도하기가 힘들다는 것이었다.

대개 이런 경우는 자녀들이 부모에 대해 불만이 가득하여 생겨난 소통의 장애가 원인이 되어 생긴 증상이다. 자녀들은 늘 부모가 없는 집에 혼자 귀가하거나 학습을 열심히 해도 칭찬이나 보상을 해줄 대상이 오래 동안 결핍되었기 때문에 분노가 나중에 무관심으로 변해 버린 것이다. 한참을 상담하는 동안 첫딸이 울며 이렇게 말했다.

"정작 우리가 필요할 땐 엄마도 아빠도 없었어요! 그런데 이제 와서 보상한답시고 과도하게 우리한테 집착하니 더 싫은 거예요!"

자녀들은 부모의 애정을 먹으며 교육이라는 힘든 트레이닝 과정을 이겨낸다. 그것은 어릴 때도 마찬가지다. 걸음마를 연습하며 얼마나 많이 넘어졌던가? 그때마다 부모들은 격려를 아끼지 않았다.

"옳지. 잘한다. 자 이제 한 발 한 발. 아이고 잘한다. 우리 아기!"

그렇게 격려하듯이 모든 일에 과제를 주며 격려하기를 반복할 때 우리의 자녀들의 뇌는 춤추게 된다. 기쁨이 넘칠 때 산소의 공급과 영양분의 공급이 원활해져 학습뇌가 점점 강해지며 더욱 자신을 변화시켜 가는 것이다.

선생이 아니라 부모가 되라

성경에 보면 이런 말씀이 있다.

그리스도 안에 가르치는 선생은 많다 하지만 아비의 심정을 가진 선생은
별로 없다(고린도전서 4:15)

즉 이 말씀은 기독교 교육조차도 교육은 학습과 훈련 이전에 관계
가 더 중요하고 애정이 더 중요하다는 것을 가르쳐준다. 그러면 애정
이 우리에게 어떤 영향을 미칠까? 간단한 실험으로 알 수 있다. 두 그
룹의 토끼를 사육한다. 한 그룹은 먹이를 줄 때마다 애정을 주었다. 다
른 그룹에게 맹수 울음소리를 들려주고 스트레스를 준다. 4주 후 스트
레스 받은 토끼는 각막이 생긴다. 혈관이 심하게 막힌다. 두 마리는 녹
내장이 발생한다. 애정을 받은 토끼는 전혀 문제가 발생하지 않는다.
　친밀감이 동맥경화를 예방할 수도 있다. 애정이 물질적인 변화를 가
져왔다는 것은 토끼에게만 해당되는 것은 아니다. 우리 몸은 마음의
지배를 많이 받는다. 특히 정보의 홍수시대에 심인성(心因性) 질환이
더 많다.
　무언가를 극단적으로 싫어하는 사람도 있다. 뱀의 그림을 쳐다보지
도 못하는 사람도 있다. 내가 아는 한 목사님은 어릴 때 김치를 먹고
사래가 걸려 고생한 경험 때문에 그 맛있는 김치를 입에도 가져다 대
지 못한다. 혹 김치를 입에 대기만 해도 얼굴이 붉어지고 몸에 반점이
돋는다. 나쁜 기억이 마음에 각인되었기 때문이다. 마음은 정보를 수

집, 보관 처리하는 뇌의 기관에 그렇게 각이 되었기 때문이다. 어릴 때 뇌의 회로가 어떻게 구성되었느냐에 따라 성격의 유형도 결정되는 것이다. 바꾸어 이야기하면 다양한 트레이닝으로 뇌의 회로를 하나하나 바꾸면 성격도 바뀐다.

필자의 경우 아주 어릴 적엔 매우 내성적이고 조용한 아이여서 학교 다니는 12년 내내 줄반장도 한 번 못 했었다. 그런 사람이 베스트셀러 작가가 되면서 유명강사가 되었다. 내성적이어서 말도 잘 못하고 친구들 집에 놀러가서 늘 남의 책장만 기웃거리던 수줍음 가득한 소년이 수천 명이 모인 앞에서 열강도 하고 방송도 하고 동남아시아 각국을 돌아다니며 학교를 세우는 NGO의 대표도 하고 있으니 참 놀랄 일이 아닌가?

시냅스 가소성(the plastic of synapse−시냅스는 자극에 따라 연결 부위를 바꾸는 성질)에 의해 시냅스가 어떻게 연결되느냐에 따라 생각이 달라진다. 시냅스가소성이 뇌 전체를 좌우한다. 자라나는 아이들, 4/14 윈도우 세대들에게 부모나 선생이 어떻게 그들을 자극하고 도움을 주느냐에 따라서 평생 뇌의 회로가 결정되는 것이다.

도파민과 학습

유아기의 아이에게 수다를 떠는 엄마를 둔 아이는 반드시 영재가 된다. 이것은 필자의 오랜 시간 경험에서 나온 진리다. 교회에서도 보면 어머니가 아이들을 향해 눈을 맞출 뿐 아니라 별 말을 다 붙이는 아기들은 이내 말을 배우고 또 단어를 많이 구사하게 된다. 반면 별 말이 없고 항상 혼자 있는 것을 좋아하는 엄마는 아이를 보고 있다고 해도 어머니가 보살피는 보람도 없이 어휘력이 떨어진다. 그런데 문제는 아기 때 어휘 능력이 떨어진 아이는 나이를 먹으면서 그 격차가 더 벌어진다는 사실이다. 겉보기는 다 같은 아기인데 영재로 자라갈 아이와 그렇지 못한 아이가 나누어지는 것이다. 이것은 아기 때에만 나타나는 민감기 때문이다.

아이가 점점 자라면서 물체를 인지하고 그것들의 이름을 짓는 능력이 나타나기 시작한다. 이것은 아이의 의식 속에 시각영역과 언어프로세스 영역을 연결하기 시작하면서 최초로 사용하는 프로세스가 나타난다. 정말 신기하다. 필자의 조카 손자 동우는 자동차의 이름을 깡그리 다 외운다. 그렇다고 글자를 아는 것은 아니다. 그런데 길거리에 돌아다니는 자동차의 이름을 죄다 꿰뚫고 있는 것이다. 오히려 어쩔 땐 부모가 아이에게 "동우야! 저 자동차의 이름은 뭐니?" 하고 물어야 한다. 그렇게 프로세스가 나타난 아이의 경우 공룡의 이름을 외우게 하면 그렇게 어려운 공룡들의 이름도 다 외우는 것이다. 그래서 이 시기를 백과사전 시기라고 하는 것이다. 그림으로 된 백과사전이나 도감을 사주면 글자는 몰라도 그림으로 된 모든 것을 다 기억해 버린다. 마치 사진기로 사진을 찍듯이 다 익혀 버리는 것이다.

이처럼 아이가 아주 어릴 때 물체의 이름을 말하는 능력과 좀 지나서 문자 이름을 말하는 능력이 성장 과정에서 독서회로가 얼마나 효과적으로 발달할 것인지 예고해 주는 기초적 도구가 된다.

사물을 보면서 이름을 맞히고 그것들을 조합해 또 다른 이름들을 붙이는 작업이 반복되면 유아는 어휘력이 나타나기 시작한다. 아닌 게 아니라 주변의 아이들 중에 이렇게 어휘력이 뛰어난 아이는 나중에 독서 능력도 뛰어나게 된다. 그런데 유아기에 어휘력이 낮으면 나중에 결코 따라잡지 못한다. 이처럼 어휘력 발달과 이후 독해 능력은 서로 밀접하게 연결되어 있다.

우리는 여기서 한 가지의 중요한 결론을 내릴 수 있다. 어휘 발달이 늦으면 단순히 불운한 일이라 생각하기엔 너무나 참혹한 악영향이 평생을 따라다닌다는 것이다. 따라서 가장 좋은 독서교육은 한두 살부터 시작하는 것이다.

모차르트 효과

독서와 함께 중요한 것이 음악과 미술이다. 음악이 생각을 끌어올린다는 것은 익히 알려진 상식이다. 주의할 점은 너무 크게 듣지 않는 것이다. 미국 위스콘신 대학의 한 교수는 10년 전에 모차르트 음악을 들은 사람이 수학적·공간적 추리력이 뛰어나다는 연구 결과를 발표했다. 또한 아이가 유치원에 들어가기 전 피아노 교습을 보내는 것도 권장할 만하다. 음악 교육을 받은 6세 어린이는 그렇지 않은 아이들보다 지능지수가 2~3점 높다는 연구 결과가 있다.

우리 집 아이들은 어릴 때 모두 피아노를 가르쳤다. 일정시기 배우고 나면 나중 성인이 되어도 음악과 친해지고 정서적인 안정을 얻기 위해 스스로 피아노를 치며 시간을 즐기는 것을 볼 수 있다. 피아노를 잘 배우면 나중에 다른 악기를 배울 때도 상당히 빨리 배우게 되는 것을 알 수 있다.

미술도 마찬가지다. 어릴 때 마음껏 그림을 그릴 수 있도록 도화지와 크레용과 물감을 주고 마음껏 그리도록 해준 아이는 그렇지 못한 아이보다 공간지각능력이 뛰어나게 된다. 우뇌가 발달하기 때문이다.

뇌가 좋은 아이에게 읽기는 생각하는 기술이다

책읽기는 다른 어떤 과제보다 뇌영역을 붉게 물들인다. 이는 혈액의 공급과 산소와 신경전달 물질인 도파민의 이동이 활발하다는 뜻이다. 그런데 독서는 특정부위만 활성화시키는 시각정보 청각정보를 받아들이는 현상과는 달리 책을 읽으면 주의력, 창조력, 감정, 커뮤니케이션 등과 관련 있는 전두엽 부위가 활성화된다.

이렇게 아이들에게 책읽기를 시키기 위해서는 조건 없이 책만 읽는 아이로 키울 것이 아니라, 책을 읽어주는 방법을 통해 아이의 뇌를 발달시켜 주고, 그 발달시킨 이후 아이에게 책을 통해서 뇌 발달을 할 수 있도록 만들어줘야 한다. 이때 가장 필요한 것은 바로 부모와의 긍정적인 상호작용이다. 엄마 품에, 아빠 품에 안겨서 책 듣는 아이들이 최고의 상호작용을 경험할 가능성이 크다. 아이에게 한글을 빨리 깨우치게 하고, 아이가 스스로 책을 읽기를 즐겨하는 시기를 앞 당겨주는 것이 좋은 방법이 아니라 책을 통해 아이와 놀이를 하고, 공감을 하는 것부터 지킨 후에 비로소 아이에게 제대로 된 책읽기를 통한 뇌 발달을 도와주어야 한다는 점이다.

이러한 어휘력의 문제는 단순히 학습 능력뿐 아니라 외국어를 습득하는 과정에서도 동일하게 나타난다. 유아는 제1언어로 개념 또는 단어를 알고 영어를 배우는 학습자들은 그 개념이나 단어를 제2언어 또는 '학교' 언어인 영어에서 보다 쉽게 사용한다. 다시 말해 언어적으로 풍요로운 가정에서 성장하면 모든 종류의 학습에 필수적인 인지적·언어적 기초를 아이에게 제공해 줄 수 있다. 반면, 언어적으로 빈곤한 환경의 가정에서 자란 아이들은 제1언어와 제2언어 혹 학교 언어에서 모두 인지적·언어적 기반을 소유하지 못한다.

영어의 '새로운' 음소와 학교와 책에서 배우는 새로운 어휘가 아이들에게 서서히 스며들도록 하는 체계적인 노력이 모든 아이들을 대상으로 이루어져야 한다.

앞서도 잠시 언급했지만 필자의 경우 아버님이 일본에서 오래 사셨던 관계로 어릴 때부터 일본어에 노출된 시간이 꽤 되었다. 나중에 그 어떤 언어보다 일본어를 접했을 때 친숙했으며, 이후 일본어를 깨쳐가는 데에도 상당히 유리하게 작용되는 것을 느낄 수 있었다.

3살 이전에 이중 언어에 노출되면 단일 언어 사용자들에 비해 언어와 독서의 능력에 긍정적 영향을 미친다는 사실을 발견한 것이다.

어려서부터 이중 언어 사용자가 된 대상자들의 뇌가 단일 언어 사용자들의 뇌와 마찬가지로 중첩 부위에서 두 언어 모두 처리한다. 반면 나이가 들어 제2언어에 노출된 이중 언어 사용자들은 뇌의 활성화 패턴이 달랐으며, 좌뇌와 우뇌를 모두 사용하는 것으로 나타났다.

언어 습득의 임계기에 있는 아이의 뇌에 어떤 식으로 경험과 자극을 주느냐에 따라 효과가 크게 달라진다. 영어회화 비디오를 보여주거나 들려주는 것이 전혀 효과가 없다고는 단언할 수 없다. 하지만 이왕이면 원어민이라도 비디오나 텔레비전 속의 영어 교사보다는 바로 눈앞에서 살아 움직이는 실체의 원어민 교사가 뇌의 경험이라는 측면에서는 훨씬 효과적이다.

언어 습득의 임계기는 대개 5, 6세까지이며, 11세까지 복수의 언어를 접한 사람과 12세 이후에 접한 사람 사이에는 뇌 속에 언어에 대한 정보처리 지도가 완전히 달랐다는 실험 결과가 있다.

몸짱만으로는 부족한지 요즘은 '뇌짱 만들기'가 대세다. 허나 두뇌 트레이닝의 방법으로 게임에 의존하기보다는 뇌에 강한 영향을 미치는 스트레스를 차단하고 안정된 뇌파를 위한 독서 습관이 중요하다.

사랑이 교육이다

처음이 중요하다

한 번 개발된 학습 뇌는 반복을 통하여 점점 세밀화된다. 처음 아이에게 말을 걸고 책을 읽어주면 처음엔 아이가 무슨 말인지 모르지만 반복하게 되면 그것이 쌓여서 결국 터져 나오는 것이 학습이다.

에릭 칸델(Eric Kandel)은 우리가 학습할 때는 개별적인 뉴런들의 구조가 바뀌고 뉴런들 간의 시냅스 연결이 강화된다는 사실을 처음 보여주었다. 이를 통해 2,000년 노벨상을 수상했다. 그는 바닷가에 사는 군소달팽이를 연구했는데, 군소는 유별나게 큰 1밀리미터의 뉴런 세포를 가지고 있다, 이를 통해 인간 신경세포를 들여다볼 수 있는 창문을 발견한 것이다. 그는 이를 통해 뉴런도 감각뉴런과 운동뉴런이 있다는 것을 발견했다. 즉 감각 세포가 위험을 탐지해 운동뉴런으로 신호 보내면, 운동뉴런은 반사적으로 보호행동을 하는 것이다.

짧은 간격 두고 충격 반복하면 달팽이가 민감화되어 불안장애 생긴 인간처럼 '학습된 공포'와 함께 더 약한 자극에도 과도하게 반응하는 경향을 군소달팽이에게서 발견한 것이다. 이는 학습공포가 생겼을 때 시냅스 안에서는 더 많은 화학적 전달 물질을 방출해 더 강력한 신호 일으키는 것을 발견한 것이다. 하지만 반대로 다음번에는 자극이 무해하다는 것 학습시켰더니 차츰 접촉을 무시하는 현상이 생긴 것을 알 수 있었다. 이를 통해 신경계가 변화한다는 것 보여준 것이다. 자녀들에게 과도한 학업 스트레스로 한 번 잘못 각인되면 스스로 학습을 피하는 아이가 된다. 그러므로 과도한 욕심으로 공부를 시키기 보다는 아이가 잘하고 좋아하는 것을 통해 적절히 보상을 하면서 스스로 공부에 들어갈 수 있도록 안내자의 역할만 해야 한다.

그다음 우리가 알아야 할 사실은 단기기억과 장기기억 모두 발달시킬 수 있다는 사실이다. 즉 단기 기억이 장기기억으로 바뀌려면 세포 안에서 새로운 단백질이 만들어져야 한다. 단백질 활성화 효소가 뉴런 안의 화학 물질이 뉴런의 세포체로부터 유전자가 저장되어 있는 핵 안으로 이동할 때 단기기억이 장기기억으로 전환되는 것을 발견하게 된 것이다.

이처럼 인간도 학습할 때, 뉴런 안의 어떤 유전자를 '발현'할지 결정하는 것이다. 인간 유전자는 두 가지 기능을 한다. 하나는 주형 기능이다. 유전자를 복제해 대대로 물려주는 기능이다. 이것은 조절이 불가능하다.

그 다음 전사 기능이다. 몸의 각 세포에는 모든 유전자가 들어 있지만, 모든 유전자가 켜져 있거나 발현되는 것은 아니다. 하나의 유전자가 켜지면, 그 유전자는 새로운 하나의 단백질을 만들어 그 세포의 구조와 기능을 바꿔놓는다. 유전자가 켜졌을 때 이 단백질 만드는 방법을 담은 정보가 개별 유전자로부터 읽히기 때문(전사)이다. 전사 기능은 우리가 하는 행동이나 생각에 영향을 받는다.

칸델은 우리가 학습할 때 우리의 마음도 뉴런 안에서 어떤 유전자가 전사될지에 영향을 미친다는 사실을 보여줘 획기적인 연구의 아이디어를 제공했다. 따라서 우리는 유전자의 형태를 바꿀 수 있으며, 그렇기에 뇌의 미시적 부분을 해부학적으로 바꿀 수 있다. 그리고 그 역할은 일부러 전문가를 만나지 않아도 어머니들의 적극적인 노력과 행동으로 가능하다는 것이다.

은행을 가더라도 그냥 가지 말고 아이를 업고 가면서 계속해서 말을 하는 것이 좋다.

"찬이야! 엄마랑 지금 은행에 갈까?"

"옳지 우리 아기 착하네. 자, 옷 입자!"

"아이고! 이뻐! 이제 엄마가 업을 테니 잘 업혀 있어 주세요."

"이제 엘리베이터로 갑니다. 짠!"

"자! 이제 바깥에 나왔습니다. 신나게 한 번 달려볼까요?"

"자! 이제 은행에 다 왔습니다."

"자! 착한 우리 아들 이제 엄마가 ATM기에 카드를 넣습니다. 잘 보세요. 이게 카드에요?"

"잘 보세요! 엄마가 버튼을 누르면 곧 돈이 나옵니다."

"짠! 드디어 돈이 나왔습니다. 이게 얼마나 될까요?"

"하나! 둘, 셋, 넷, 다섯, 여섯, 일곱, 여덟…."

"자! 이제 볼일 다 봤으니 집으로 갈까요?"

아이를 업고(가능하면 업고 다니는 게 좋다. 애착 관계도 좋아지고 어머니는 운동도 된다. 모래주머니를 차면 운동 효과가 더 크듯이) 은행을 가든, 시장을 가든 계속해서 아이를 향해 이야기를 해 주어야 한다. 아이는 엄마의 소리를 듣고 뇌신경이 분화되고 신경세포수가 늘어나며 시냅스가 잘 형성된다. 그렇게 몇 년만 고생하면 나중 사춘기가 되어서 교육 때문에 걱정하는 일은 없어진다. 하지만 나이 들어 공부머리로 만들려면 돈은 돈대로 들고 고생은 말도 못하게 하게 된다.

"어머니들이여! 사랑으로 수다를 떨자!"

반응을 유도하는 아기의 행동

아기는 엄마를 쳐다보면서 끊임없이 반응을 요구한다. 울음은 자신에게 반응해 달라는 가장 기초적인 보디랭귀지이다. 그런데 울고 보채는 자신에게 관심을 보여주지 않으면 아이의 감각 뉴런은 점점 퇴화되고 만다.

그 증거가 무엇이냐면 고아원 아이들이 세상에 무관심해지는 것과 같은 현상이다. 울고 있을 때 보통의 아이는 달래면 달래는 사람에게 반응을 보인다. 하지만 고아원의 아이들은 이러한 반응을 안 보인다. 말 그대로 넋 나간 표정을 보이는 것이다.

이는 뇌의 우반구가 비언어적 의사소통을 처리하는데. 아기는 엄마의 얼굴을 알아보고 표정을 읽어 다른 사람들과 연결한다. 그래서 엄마와 아기 사이의 비언어적인 시각단서를 포착해 처리하는 것이다. 그리고 언어의 음악적 성분, 감정 전달 수단인 어조처리를 관장한다. 따라서 두 살 때까지 우반구가 전력을 다해 성장하는 동안 민감기(임계기라고도 함)가 나타난다.

반대로 좌반구는 언어적 요소를 처리하는 기관이다, 의식적 처리를 통해 문제를 분석한다. 세 살 되기까지 우반구가 더 크고 좌반구는 막 성장 속도를 올리기 시작할 때 첫 3년은 우반구가 뇌를 지배한다. 이 시기 아이는 복잡한 오른 뇌 잡이의 감정적 동물이지만, 자신의 경험을 말하지는 못한다.

그러다가 10~18개월 가장 중요한 임계기가 된다. 오른쪽 전두엽 주요 영역이 발달하는 것이다. 이때부터 본격적인 뇌 회로가 형성된다. 인간적 애착 관계를 유지하고 자신의 감정을 조절하게 해준다.

민감기 때 상호작용 못하면 감정이 없어지고 감정 조절 능력이 상실된다. 아이는 자신의 감정을 꺼버림으로써 자기 조절 방법을 배우는 것이다. 즉 우는 아이에게 즉각 반응하지 않으면 아이는 스스로 자신의 감정을 꺼버림으로 상처를 안 받으려고 자기 폐쇄를 하는 것이다. 자폐의 후천적 요인이 여기서 나타난다. 따라서 아기의 반응에 즉각적으로 반응할 뿐 아니라 더 자극하고 반응을 유도하는 엄마의 아기가 영재가 되는 것이다.

『젊은 엄마 천재 육아법』에 보면 이런 이야기가 나온다.

뇌가 성장하는 데는 도대체 무엇이 필요할까? 키가 무럭무럭 자라나는 신체의 성장기에 가장 중요한 것은 균형 있는 식사이다. … 어머니의 뱃속에 있을 때부터 아기에게 오감이 대충 갖추어져 있다는 것은 이미 알고 있을 것이다. … 그렇다면 아기가 자라나는 데 적절한 자극은 어떤 자극일까 내가 말하는 자극이란 결코 영재교육 같은 것이 아니다. 가장 나쁜 자극은 억지로 아기에게 글자나 숫자를 가르쳐 주려고 하는 학습 방식의 자극이다. 그보다는 마음으로부터 갓난아기를 귀여워해 준다든가 같이 놀아주는 것이 가장 좋은 자극이 된다. 자장가를 불러준다든가, 이야기를 들려주거나 토닥거려 주는 등 아기를 사랑하는 엄마라면 누가 시키지 않아도 자연히 해주게 되는 자극이다. … 하지만 사랑스럽게 쓰다듬어 주거나 말을 걸어 주고 많이 달래준 아기일수록 체중이 순조롭게 늘어나고, 앉거나 걷는데 걸리는 시간이 상당히 짧아진다는 것이 이미 과학적으로도 증명되고 있다. 그렇다면 사랑을 받지 못한 아기는 어떻게 될까? 한 가지 예로 여기에 이란의 고아원에서 행해진 조사가 있다. 그 고아들은 충분한 사랑은 커녕 어른들의 무관심 속에 거의 방치된 상태에서 자라났다. 그렇기 때문인지 혼자 앉을 수 있기까지의 시간이 보통 아기들보다 4배나 더 걸리고 말을 배우는 속도도 매우 늦었다. 그러나 우간다의 갓난아기들은 완전히 다르다. 우간다의 엄마들은 일하러 나갈 때 아기를 업고 나가 하루 종일 말을 걸거나 달래는 것이 일과처럼 되어 있다. 더욱이 아빠와 형, 삼촌에 이르기까지 가족 모두가 아기를 돌봐 주는 것을 몹시 좋아한다. 이와 같이 사랑을 듬뿍 받고 자라난 아기는 태어난 지 5개월째에 기기 시작하고 7개월이 되면 걷기 시작한다. 대소변을 가리게 되는 것도 겨우 11개월밖에 걸리지 않는다.

　우리 교회에는 유치원이 선교원 형태로 운영하고 있다. 그런데 6세 반에 있는 아이 하나가 도통 말이 없다. 어떻게 보면 자폐증 걸린 아이 같기도 하다. 부모들은 자신의 아이가 문제가 있다는 것을 잘 모를 수가 있다. 이럴 땐 학부형을 만나 상담을 해주어야 한다. 그래서 하루는 어머니를 불러 신경정신과에 가서 진단을 받아보라고 권면을 했다. 그제서야 놀란 엄마는 애기 아빠와 이야기를 나눈 후 병원을 갔다 왔다. 다행히 자폐증은 아니지만 발달이 늦은 발달장애라는 것이 밝혀졌다.

　자! 그렇다면 왜 이 가정에 이런 발달장애 아동이 생겼을까? 이유는 간단하다. 어머니가 아이를 보행기나 유모차에 앉혀 놓고 아이가 혼자 있는 시간이 많았기 때문이다. 그래서 민감기를 놓친 것이다. 보통 엄마들은 아기가 보채지 않으면 그냥 눈만 마주치고 혼자 일을 하거나 컴퓨터를 한다. 얼마 전 게임중독에 빠진 아기 엄마가 아이를 방치해 아기가 굶어 죽었다는 보도도 있듯이 엄마가 정적이거나 말수가 적으면 아기들은 말을 들을 기회가 없어서 말을 배우지를 못하는 것이다. 그러면 TV를 켜 놓으면 되지 않느냐고 말한다. 하지만 아기는 엄마의 목소리에 대해 반응하기 때문에 TV는 언어 발달에 도움 되는 뇌 회로의 형성에는 부정적인 영향을 끼친다, 식물이 충분한 햇빛과 양분에 의해 자라나는 것이라면 아기는 사랑에 의해 자란다고 할 수 있다. 누구나 아기를 사랑하는 사람으로 만들어 주는 것이 전두엽 교육의 시작이다.

아이를 영적으로 키우라

영력은 종합력이다

앞에서 말했듯이 인간의 뇌는 종합적으로 4층으로 되어 있다. 이는 인간의 뇌가 하나님의 존재를 증명하고 인간이 영적인 존재란 것을 증명한다고 할 수 있다. 첫 번째 1층이 뇌가 뇌간이고, 2층이 변연계다. 3층이 대뇌피질인데 일반의학에서는 인간의 뇌를 3층으로 본다. 하지만 여기에 한 차원 더 높은 부위가 있다. 그것이 바로 인간의 영적 감각을 지니게 하는 전두엽이다. 하나님은 요한계시록 14장 1절에서 이 앞머리인 전두엽에 어린양의 이름과 아버지의 이름을 기록한다고 하셨다. 이 전두엽이 영력과 관계 있다. 영력이 커진다는 것은 뇌의 전체적인 능력이 향상되는 것을 말한다. 영력이 생기면 뇌력이 생긴다.

그런데 이러한 뇌력(腦力)은 6가지의 학습 능력과 관계가 있다. 6가지 학습 능력은 시각관찰력, 행동억제력, 청각주의력, 워킹 메모리, 집행력, 분노조절력 등이다. 그리고 이러한 능력이 제대로 사용되도록 습관화 단계로 나아가야 한다.

특히 요즘 자녀들은 신불신을 막론하고 안락하고 스트레스가 약한 환경에서 보호받으며 자라기 때문에 충동적이며 집중력이 약하다. 그러다보니 조그마한 문제에도 짜증을 내고 견디지를 못한다. 부모들은 '아직 어리니 그렇지' '나이를 먹으면 괜찮아지겠지' 하지만 훈련을 받지 못하고 자란 아이들은 사춘기가 지나면서 충동을 조절하지 못하고 집중력을 발휘하지 못해 결국 학습부진아가 되고 만다.

영적인 부분도 트레이닝이 필요하다

잠언 22장 15절에 보면 "아이의 마음에는 미련한 것이 얽혔으나 징계하는 채찍이 이를 멀리 쫓아내리라"는 말씀이 있다. 미련(未練)이라는 단어는 영어로는 우둔한이란 뜻이고 한문으로 보면 "단련되지 않은"이란 뜻이다. 즉 모든 아이들은 가능성은 있지만 미개발된 상태를 말한다. 이를 세련(細鍊)되게 하면 칼도 만들고 바늘도 만든다. 힐튼 호텔로 유명한 콘라드 힐튼이 성공의 비결을 묻는 기자에게 이렇게 말했다.

기자 양반! 저기 있는 저 평범한 쇠막대기는 두 달러도 안되지만 그것을 두들겨 말발굽을 만들면 10달러를, 더 단련시켜 바늘을 만들면 3,200달러를, 또 더 두들기고 담금질을 해 용수철로 만들면 수만 달러를 벌 수 있네! 자네라면 어떻게 하겠나?

그의 말처럼 자녀들을 그냥 내버려두면 평범한 아이로 자라지만 뇌 단련을 시키면 미련이 변해 세련되는 것이다. 뇌를 바꾸는 비법이 뭐냐면 뇌가소성을 이용해 새로운 뇌회로를 디자인하는 것이다.

몰입이라는 단어가 있다. 조지프 르두의 『시냅스와 자아』에 나오는 내용이다. 그의 이론에 따르면 우리의 사고와 감정, 활동 그리고 기억과 상상은 모두 시냅스에서 일어나는 반응의 결과인데, 이러한 시냅스는 가소적(plastic) 성질을 보여서 경험이나 학습에 의해 변화된다는 것이다. 즉 시냅스는 학습에 의한 정보를 기록하고 저장하게 된다. 자신의 실체는 자신의 시냅스가 어떻게 배선되느냐에 따라 결정되고 유전된다. 농구 연습을 많이 하면 농구 실력이 향상되고 동시에 감정을 빚어내는 능력도 시냅스는 가지고 있기 때문에 농구에 대한 재미도 생기게 된다. 이런 이치를 보면 이것을 어느 정도 공감할 수 있다. 한 분야에 몰입을 하다 보면 시냅스가 그 쪽으로 배선되어 우리가 기대할 수 있는 범주 이상의 결과를 얻을 수 있다. 결국 교육이란 비전을 갖게 하고 동경을 하게 만들고, 그리고 그것을 바라보면 몰입하게 만들어 스스로 뇌회로를 다듬어 가도록 돕는 일련의 숙련된 코칭 작업이라는 것을 알 수 있다. 여기서 가소성이란 '플라스틱'처럼 성형이 가능하다는 뜻이다.

우리가 알고 있는 세로토닌이나 도파민은 신경 전달 물질이다. 분비되는 양에 따라 마음이 달라진다. 인간은 자신의 뇌에서 과소(過小) 분비되는 신경 전달 물질을 높이기 위해 위험한 중독 현상을 부른다. 즉 담배, 알코올, 코카인 등은 도파민 수치를 높여주어 기분을 일시적으로 좋게 한다. 이것이 고전적인 도파민 촉발 물질이다. 하지만 투입을 멈추면 갑자기 떨어지기 때문에 더 악화되는데 이것을 만회하기 위해 더 증가된 약물을 투여함으로 종내에는 중독 현상을 부르게 된다. 결국 중독은 뇌의 작용임을 알 수 있다. 도박, 성형중독, 쇼핑중독 등도 같은 논리다. 아이들이 빠져드는 게임중독도 결국 뇌의 작용이다. 그래서 뇌가 없다면 마음도 없다고 하는 것이다. 그런데 이런 모든 문제는 영적인 체험을 하면 해결이 된다. 하나님을 만나고 하나님을 체험하면 무엇보다 빨리 변화가 일어난다. 영적인 민감도도 교육심리학에서 말하는 강화(强化)의 방법을 사용해야 한다. 말씀 암송에 이어 해보아야 할 일이 같이 기도하는 것이다.

어린이도 기도 체험해야 한다

언젠가 셀모임 중에 엄마를 따라온 6살 난 아이에게 엄마를 위해 기도해 보라고 시켰다. 아이는 처음엔 기도를 못한다고 고개를 절레절레 흔들었다. 하지만 난 기도하는 법을 가르쳐 줄 테니 엄마 손을 붙잡고 기도해 보자고 부탁을 했다. 그래서 다음과 같이 기도를 하며 따라하게 했다.

"준서야! 목사님 따라 해봐. 자, 하나님 아버지!"

"하나님 아버지!"

"이 시간 사랑하는 우리 엄마를 위해 기도합니다."

"이 시간 사랑하는 우리 엄마를 위해 기도합니다."

"우리 엄마를 이쁜 엄마 되게 해 주세요!"

"우리 엄마를 이쁜 엄마 되게 해 주세요!"

"우리 엄마에게 건강을 주셔서 우리를 많이 사랑하게 도와주세요."

"우리 엄마에게 건강을 주셔서 우리를 많이 사랑하게 도와주세요."

다섯 마디 쯤 기도하는데 갑자기 준서가 울음을 터뜨렸다. 제 딴엔 엄마를 위해서 기도한다고 생각하니 엄마가 불쌍했나보다. 그래서 그냥 훌쩍거리더니 이내 울음보를 터뜨린다. 그 장면을 보는 제 엄마도 울먹울먹하더니 아이가 대견스러워 울기 시작하고 급기야 할머니 권사님도 울기 시작한다. 그리고 함께했던 목장 식구들이 다 울음바다가 되었다.

이러한 일은 이십여 년 전 아이들이 어렸을 적 우리 집에선 흔한 일이었다. 아빠 엄마가 사역을 하면서 힘든 일이 있으면 아이들은 엄마와 아빠를 위해서 고사리 같은 손을 모으고 중보기도를 한다. 그리고 같이 손잡고 기도를 한다. 그러면 이내 집안은 울음바다가 된다. 이렇게 어린이들로 기도하게 어린이들도 기도의 깊이와 풍부가 늘어나 하나님 앞에 기도의 능력이 생긴다.

에스더 일니스키가 쓴 『어린이들로 기도하게 하라』란 책은 어릴수록 기도훈련을 시켜야 하고, 어린이들에게 기도를 가르쳐 기도하게 하면 어린이들의 기도에 대해 하나님의 응답이 빠름을 알 수 있다고 가르쳐 주고 있다. 어린이들 모두는 하나님께도 매우 중요하다. 그들도 하나님 앞에선 중요한 사람이라는 것, 그것이 전부다.

만약 누구라도 자기의 자녀를 경건한 어린이로 양육하고자 하는 아빠와 엄마라면 이 책을 꼭 사 읽기를 부탁드린다. 자녀들이 이제 막 말을 배우기 시작할 때라면 기도를 가르칠 때다. 그것은 여러모로 유익하기 때문이다. 말씀을 암송한 다음 이제 기도의 방법과 체험을 맛보게 하면 그것은 앞으로 그들이 살아갈 인생에서 세상의 모든 것의 열쇠를 거머 쥐어주는 것이다. 요엘 2장에서 하나님께서 어린이들에게 기도하고자 하는 열망을 불어넣어 주셨다고 예언한다. 오순절 마가의 다락방의 성령 강림 직후 베드로는 설교했다. 오늘 이 놀라운 오순절 성령 강림 사건은 요엘서의 예언이 이루어진 것이라고. 남종과 여종과 어린아이와 노인들이 다 환상을 보며 예언을 하게 되리라는 말씀이 응한 것이라고 선포했다.

만약 청소년들과 어린이들이 세계 인구의 절반을 차지한다고 하면, 기도하는 전 세계 기독교 인구의 절반은 청소년과 어린이들이어야 한다고 저자는 말한다.

어린이들은 분명 하나님으로부터 기도하도록 기름부음을 받았다. 하지만 성인들은 그들을 시간과 나이에 제한을 둠으로써 우리는 철저히 무시해왔다. 그래서 다음의 질문에 스스로 답해 보기를 바란다.

어린이들의 능력 있는 기도들이 지금도 유산되고(aborted) 있는가? 우리의 경건한 어린이들이 그들을 파괴하고 있는 어두움의 영들에 대적할 권리와 자유가 있는가? 우리의 자녀들을 이 세상에 살게 하면서 우리는 그들을 연약함 가운데 방치하는 것은 아닌가?

세심한 어른들은 가끔 이렇게 말한다.

"에스더 자매님, 그들은 아직 '그것'에 너무 어린 것 같아요."

'그것'은 성령님께서 역사하시는 깊이 있는 기도의 영역을 말하는 것이라고 선언한다. 이렇게 말하는 어른들은 아마도 자신들이 아직 그런 깊은 기도를 경험하지 못했을 것이라고 말이다.

"그들이 몇 살이 되어야 거룩하지 않은 영과 맞닥뜨릴 수 있는 나이가 되는가?"

한 어린이의 삶에 있어서 부모나 교사의 역할을 최소화하자는 것이 아니다. 오히려 나는 그것을 계속해서 최대화하고 있는 것이다. 선지자 사무엘은 아주 어린 나이임에도 하나님의 임재를 인식했고, 대제사장 엘리에게 가서 지도와 확인을 받았다. 어른의 역할은 지도하고 확인해 주며 보호하는 것이다. 그러나 또한 엘리가 사무엘에게 했던 것처럼 어린이들이 자유롭게 하나님과 교제할 수 있도록 격려해야 하는 것이다.

천재독서법을 적용하라

지성도 필요하다

무한한 가능성을 가지고 태어나지만 영재와 둔재가 갈리고 부자와
가난한 사람이 갈리며, 창의력이 뛰어난 사람과 전혀 창조성이 없는
맹추가 생기는 것은 학습 능력을 갖지 못했을 뿐 아니라 지극히 작은
일도 습관화시키는 것을 배우지 못했기 때문이다. 그런데 이것은 어릴
때 부모들이 도와주면 매우 쉽게 형성이 된다. 그래서 교육은 부모가
하는 프로그래밍이라 말할 수 있는 것이다.

가끔 우리 대안학교 기숙사엔 학습부적응 학생들이 부모와 함께 방
문한다. 필자는 어떻게든 그들을 바로 가르쳐보려고 애를 쓴다. 하지
만 아무리 수업을 재밌게 하고 그들의 요구사항을 들어주고 싶어도 스
스로 공부하는 것이 힘들어서 견디지 못하게 된다. 굳어진 머리가 정
보를 받아들이고 가공하는 데 너무나 힘들어하기 때문이다.

이 문제를 가지고 지난 십 년간 씨름했다. 그래서 개발한 것이 전두엽 훈련을 통한 뇌(腦) 회로 리셋 작업이다. 이 훈련으로 3달 정도만 트레이닝 시키면 서서히 학습에 대한 태도들과 능력이 바뀐다. 물론 10명 중 한두 명은 스스로 견디지 못해 나가버리는 경우도 있었다. 어릴 때 뇌 회로가 잘못 구축되고 너무 얽혀있어서 본인들도 어지간한 노력으로는 안 된다는 것을 알기 때문이다. 그럼에도 불구하고 리셋팅 작업이 성공적으로 수행된 아이들은 평균 4~50퍼센트의 변화가 나타나고 어떤 아이들은 원래 자신의 능력보다 1-200퍼센트에 가까운 성장을 보이는 경우도 꽤 있었다.

존 스튜어트 밀식 독서법

유아기를 지나 이제 진짜 독서, 진짜 공부를 해야 할 시기가 온다. 그러면 이때 어떤 독서교육을 시켜야 할까? 인류사를 바꾼 천재들 중엔 자타가 공인하는 문제아가 많았다. 우울증을 앓는 아이로 자라거나 요즘 말로 하면 ADHD에 걸린 아이들도 있었다. 에디슨은 우리가 익히 아는 학습부진아에 ADHD 경향 환자였고, 아인슈타인 역시 학습을 따라올 수 없어 엄마가 가르쳐야 할 만큼 문제아였다. 또 처칠은 어떤가? 그 역시 우울증 기질이 있는 아이로 자라 말도 더듬었다. 하지만 그들을 그것을 극복했을 뿐 아니라 오히려 세상에 두각을 드러내는 위대한 지도자가 된 것은 그들은 몰입과 두뇌 훈련을 통한 점진적인 변화를 맛보았단 것이다. 또 한 가지 이들이 가진 공통점이 있다면 한결같이 책을 읽어는 엄마들이 있었다는 것이다. 에디슨의 어머니는 학교조차 포기한 아이를 자신이 교육하기 위해 팔을 걷어 붙였다. 이 모두가 인문학적 독서를 통한 사고방식의 훈련이 만들어낸 결과였다. 비슷한 주장이 작가 이지성의 글에도 나온다.

존 스튜어트 밀은 천재적인 사상가로도 유명하지만, 독서법으로도 유명하다. 그는 평범한 지능을 갖고 태어났지만, 영국 공리주의 지도자였던 아버지 제임스 밑에서 천재 독서 교육을 받은 뒤 천재적인 두뇌를 갖게 되었고, 20대 중반에는 천재 사상가의 반열에 오르게 된다. 그의 독서법은 초등학교 때부터 플라톤, 아리스토텔레스, 키케로, 데카르트 같은 천재 사상가들의 저작을 열심히 읽고 소화해서 그들의 위대한 사고 능력을 자신의 것으로 만드는 독서를 말한다. 작가 이지성은 그의 책『여자라면 힐러리처럼』에서 이렇게 말한다.

나는 아이들에게 플라톤, 맹자, 장자 등을 읽힌다. 놀랍게도 아이들은 그리 어렵지 않게 받아들인다. 아이들의 두뇌는 보통 이런 철학 고전들을 세 달 정도 읽고 나면 실제로 변화를 보이기 시작한다. 질문이라고는 할 줄 몰랐던 아이들이 각종 현상에 대해 심도 있는 질문들을 던져대는가 하면, 사물의 근원에 대해서 궁금해한다.

어떻게 해서 아이들이 이렇게 비약적으로 변하는 것인가? 그 이유는 인간의 근원적인 질문에 목말라하고 그것을 추적해 들어갔던 성현들의 논리 구조를 책을 통해 배우기 때문에 사고의 수준이 비약적으로 상승하기 때문인 것이다.

존 스튜어트 밀은 자서전에서 초등학교 때부터 아버지로부터 이와 같은 철학 고전 독서 교육을 받았던 덕택에 또래들보다 최소한 25년 이상을 앞서 나갈 수 있었다고 고백했다. 존 스튜어트 밀이 아버지 제임스 밀로부터 받았던 철학 고전 독서 교육은 고대로부터 서양의 상류 계층과 지식인 계층이 자신의 자녀를 지적 천재 또는 엘리트로 키우기 위해 사용해 온 고전적인 독서법이다.

존 스튜어트 밀식 독서법을 실천한 사람들

레오나르도 다 빈치도 철학 고전 독서로 자신의 두뇌를 변화시켰다. 신분 사회였던 중세의 사생아로 태어났던 탓에 철학 고전 독서 교육은 커녕 정식 학교 교육마저 제대로 받지 못했던 다빈치는 상류 계층과 접촉하게 되면서 천재적인 사고 능력을 길러주는 독서법을 알게 되었고, 이를 열심히 실천했다. 이 독서로 인해 다빈치의 예술 세계에 놀라운 깊이가 더해졌음은 말할 것도 없다. 철학 고전 독서법이 두뇌를 놀랍게 변화시킨다는 사실을 증명하는 역사적 인물들이 또 있다. 처칠, 에디슨, 아인슈타인 등이 대표적이다.

작가 이지성은 다시 한 번 강조한다. 그러면서 이 세 사람에게 있는 공통점을 다음과 같이 제시하고 있다. 첫째, 공식적인 저능아였다. 둘째, 철학 고전 독서 교육을 10년 이상 받았고, 그 결과 천재적 사고 능력을 갖게 되었다.

처칠은 두뇌 사용과는 전혀 거리가 먼 사람이었다. 그는 이미 유년 시절에 가정교사로부터,

책도 읽을 줄 모르는 아이이기 때문에 앞날이 심히 걱정된다는, 좌절스러운 평가를 받았다. 처칠은 초등학교 때부터 고등학교 때까지 전교 꼴찌를 도맡아했다. 게다가 왕따였다. 그런 처칠이 10대 중반부터 서서히 변화하기 시작한다. 영국 최고 가문의 딸이었던 어머니의 특별한 독서 지도 때문이었단 것이다. 처칠의 어머니는 아들에게 존 스튜어트 밀의 독서 교육을 시켰다. 마침내 처칠이 10여 년에 걸친 철학 고전 독서를 마쳤을 때 천재적 사고 능력의 소유자로 변해 있었다.

에디슨 역시 두뇌 사용과는 거리가 매우 먼 사람이었다. 익히 알려져 있다시피 에디슨은 초등학교 시절에 지역 교육청에 저능아로 공식 보고된 사람이다. 에디슨의 어머니는 엘리트 여성이었다. 그녀는 공립학교 교사 자격증을 가지고 있었다. 다행스럽게도 에디슨의 어머니는 저능아마저도 천재적인 두뇌의 소유자로 변화시킬 수 있는 독서법, 즉 존 스튜어트 밀 식 독서법을 알고 있었다. 그녀는 자신의 전 인생을 걸고 아들에게 철학 고전을 읽히고 가르치기 시작했고, 어머니의 위대한 사랑의 힘에 감화된 에디슨은 어머니의 독서 지도를 착실하게 따랐다. 그리고 약 10년 후부터 에디슨의 이름이 세상에 서서히 알려지기 시작한다. 아인슈타인도 어머니로부터 독서 교육을 받았다. 아인슈타인에 관한 전기들을 보면 아인슈타인은 15세가 되기 전에 기본적인 철학 고전을 읽은 것으로 나타나 있다.

물론 그 뒤로도 아인슈타인의 철학 고전 독서는 계속되었다. 아인슈

타인은 젊은 시절, 철학 고전을 읽고 토론하는 클럽을 만들었을 정도로 존 스튜어트 밀식 독서법의 열렬한 실천자였다. 초등학교 때 에디슨처럼 저능아 판정을 받았던 아인슈타인의 나쁜 두뇌는 점차 천재적인 사고 능력을 갖추기 시작했다. 마침내 천재의 두뇌로 변화했다.

우리가 가장 존경하는 조선의 세종대왕은 어려서부터 책벌레였으며, 그의 책 읽는 습관은 백독백습으로 끊임없이 이해하고 알기 위해 끝까지 파고들어가는 성격이었다고 한다. 병중에서도 책을 놓지 않는 그야말로 책의 사람이라고 할 수 있을 것이다.

다산 정약용은 실용주의적 책읽기를 시도한 사람이다. 그는 끊임없이 독서하면서 '어떻게 모두가 잘 살 수 있을까?'라는 질문을 했다고 한다. 즉 목적 있는 책읽기를 통해 책과 교감하고 책을 통해 무엇을 할 수 있는가를 생각했던 것이다.

오프라 윈프리는 어떤가? 그의 명성은 익히 하는 바이다. 그녀는 어떻게 해서 여기까지 왔는가? 바로 책읽기를 통해서이다. 불우한 시절 책을 통해 자신보다 더 불행한 사람이 있다는 사실을 주목하고 세상을 비관적으로만 살 필요가 없다는 생각을 하게 된다. 결국 미래에 대한 꿈과 비전을 품기 시작했고 그 꿈을 향해 달려갔던 것이다. 오프라 윈프리의 독서클럽은 상상을 초월할 만큼의 위력을 가지고 있다는 것은 우리는 안다.

가장 위대한 독서가는 누구일까? 놀랍게도 예수님이다. 누가복음에 보면 예수님은 성전에 올라가 종교지도자들과 어린 나이에 토론을 했다고 한다. 이것은 마치 초등학생이 핵물리학 박사들과 양자역학을 토론하는 것과 같은 것이다. 이러한 주님의 토론은 예수님의 어린 시절 아무렇게나 보낸 것이 아니라 철저히 율법에 집중하고 공부하는 광적인 독서가였다는 사실을 보여준다. 바울 역시도 위대한 초대교회 지도자로 그의 편지나 글을 보면 당시의 학문이 깊숙이 묻어 있다는 것을 알 수 있다.

우리는 무엇보다 성경을 읽어야 한다. 성경은 우리에게 생명을 주며, 궁극적 가치와 비전을 주기 때문이다. 또한 우리는 기독교 고전을 읽어야 한다. 기독교 고전을 주님을 따라 살기 위해 몸부림쳤던 믿음의 선진들의 고민과 성찰이 들어가 있기 때문이다. 세 번째로 우리는 폭넓은 독서가이어야 한다. 세상의 지식은 쓸모없는 것이 아니다. 그 안에는 하나님께서 허락하신 일반은총이 들어가 있으며, 그들을 통해 하나님을 말씀하시고 계시하신다.

이들을 관찰하면 한 가지 공통점이 나온다. 독서광들은 처음부터 독서를 즐기는 똑똑한 사람들은 아니었다는 사실이다. 그들은 저능아로 불리고, 가능성이 없다는 신랄한 판정을 받았지만 꾸준한 독서를 통해 독보적인 자신만의 사고 체계를 완성했고, 그 결과 인류사에 길이 기억될 업적을 남겼다.

이야기 책으로 시작해 어려운 책으로

빌 게이츠는 매일 한 시간 이상 책을 읽는 습관을 유지해 오고 있는 독서광으로 잘 알려져 있다. 빌 게이츠는 "신문을 보면서 어떤 기사가 중요하고 덜 중요한지, 뉴스 가치를 통해 세상을 보는 안목을 기를 수 있다"고 강조한다.

아이가 빌 게이츠처럼 자라기를 바란다면 무엇보다 아이에게 결코 큰 돈을 줄 생각을 하지 마라. 반면에 돈에 대해 부모와 자녀 간에 원칙을 공유하라. 똑똑한 친구를 사귀게 하고, 책과 신문을 읽어라. 이것이 빌 게이츠의 오늘을 만든 비결이다. 이러한 원칙들은 쉬운 것 같지만 결코 쉽지가 않다. 만약에 어떤 아이가 책을 1시간이상 읽을 수 있다면, 그 아이는 영재의 준비가 된 것이다. 에디슨도, 아인슈타인도, 베토벤도 집중력이 강한 사람이었다.

성공의 열쇠는 높은 IQ가 아니라 높은 집중력이다. 재미있는 책을 읽는 동안 아이들에게 공짜로 얻어지는 것이 집중력이다. 문제는 이러한 집중력으로 이끄는 방법을 알아야 한다는 것이다.

자 여기에는 비법이 있다. 아이들이 책으로 가까이 가서 책을 좋아하게 되고 책을 통해 몰입과 집중력을 배우게 만드는 방법은 필자보다 푸름이의 아빠가 더 전문가가 아닐까 한다. 우리 교회에서 두 번이나 학부형 세미나를 가진 푸름이 엄마 아빠는 독서영재 푸름이를 키우면서 9년 동안 2,000회가 넘는 강연을 하여 유아 교육에 있어서는 독보적인 강사로 자리매김했다.

푸름이는 초등학교 입학 전에 이미 3,000여 권의 책을 읽은 독서영재였고, 2002년 영재 양성을 위해 정부가 선정한 영재 1호이기도 하다. 아이를 독서만으로 영재로 키웠다고 해서 화제가 되고 그들의 교육법이 관심 대상이 되었다. 누구나 영재를 키울 수 있다고 말하는 푸름이 부모가 말하는 책을 좋아하는 아이로 키우는 10가지 방법을 꼭 잊지 말고 실천해보기를 바란다.

첫째, 책의 바다에 빠지기 전에는 조급해하지 않았습니다.

둘째, 아이 입장에서 생각하려고 애썼습니다.

셋째, 아이가 가장 기분 좋은 시간을 놓치지 않았습니다.

넷째, 책을 충분히 읽어 주었습니다.

다섯째, 아이의 지성은 계단식으로 발달해간다는 사실을 잊지 않았습니다.

여섯째, 책을 구입할 때는 8:2의 원칙을 지켰습니다. 수준에 맞는 책과 약

간 높은 책을 8, 수준보다 높은 책을 2.

일곱째, 영역별로 신경을 썼습니다.

여덟째, 선생님처럼 물어보지 않았습니다.

아홉째, 속독을 하건 정독을 하건 관여하지 않았습니다.

열째, 책보다 더 중요한 것은 사랑과 친밀감임을 잊지 않았습니다.

푸름이 엄마는 책 읽기의 즐거움을 이렇게 이야기한다.

아이가 책의 바다에 빠지는 시기는 18-24-36-48개월 사이다. 어떤 아이

든 책을 잘 보는 시기가 온다. 아이가 책의 바다에 빠지기 전에는 너무 조

급해하지 말고 책을 장난감처럼 잠깐 보여주면 된다. 책을 읽고 나면 아이

는 머리로는 알고 있지만 말로 표현하기가 어렵다. 아이가 물어보는 것을

싫어한다면 선생님처럼 일방적으로 물어보지 마라. 정독을 하면 정독을 하

도록 내버려 두고 아이가 속독을 할 때도 내버려두는 것이 정답이다. 책보

다 먼저 할 것은 사랑과 친밀감이며 애착 관계임을 잊으면 안 된다.

글쓰기의 병행

독서가 입력이라면 논술은 출력이다. 사람은 자신이 표현하는 것만큼 인정을 받는다. 그 중에서도 글로 표현하는 능력은 학교와 사회에서 인정받는 가장 중요한 방법 중의 하나다. 입력이 된 컴퓨터라야만 출력이 가능하듯이 독서를 통하여 머리와 가슴속에 입력이 되어 있어야 글을 쓸 수 있다.

에이브러햄 링컨은 41세에 「워싱턴 포스트」 지에 연재중인 「엉클톰즈 캐빈」을 읽으면서 판단했다. '피부의 색깔이 검다고 흰색 사람들에게 학대받은 것은 옳지 않다. 이 제도는 반드시 고쳐져야 한다.' 독서를 통해서 그는 정확하고 옳은 판단을 하게 된다. 그리고 7년 후에 그는 대통령이 되었고, 흑인을 해방하는 대통령이 되었다. 그래서 미국 역사상 가장 위대한 대통령의 하나로 기록된 것이다.

아이는 자라서 누구나 어른이 된다. 그리고 어렸을 때 읽은 주인공들이 인생의 크고 작은 문제에 부딪쳤을 때 어떻게 해쳐나갔던가를 기억하게 된다. 즉 책의 주인공이 인생의 모델이 되는 것이다. 그러나 책을 읽지 않은 어린이들은 문제가 닥쳤을 때 당황하고 방황하게 된다.

프란시스 베이컨은 '독서는 완전한 인간을 만들고, 토론은 부드러운 사람을 만들고, 논술은 정확한 인간을 만든다'고 했다. 영어, 수학이 한 가지 영양소를 가진 비타민이라면 독서는 종합비타민이다.

독서는 직관력과 창의력의 보고(寶庫)

우리가 자랄 때만 해도 직관력과 창의력이 삶에서 그다지 중요하지 않았다. 그래서 어른들은 정직과 성실 같은 덕목들을 훨씬 더 중요하게 생각하며 우리들에게 강조했었다. 그런데 세월이 변했다. 이제 세상은 아이들에게 정직, 성실뿐만 아니라 개개인이 좀 더 효과적이고, 능률적으로 스스로를 책임지고 높은 직관력과 창의력을 발휘하도록 조장하고 있다.

지난 2007년 7차 교육과정이 발표되었다. 7차 교육과정이 이전의 교육과정과 다른 점이 무엇일까? 한마디로 요약하자면 관찰력과 창의성이다. 하지만 우리 시대만 하더라도 창의력과 직관력에 대한 이해가 없다보니 학교 교육에서 창의력이나 기타 재능과 관련된 교육에 대한 노하우가 없다. 그래서 창의성면에 있어서는 우리나라가 세계에서 뒤지고 있다. 단언컨대 향후 10년간 이 분야에 대한 준비를 미리 하는 아이는 반드시 다음 시대의 주인공이 될 것이다.

우리가 알다시피 교육의 일차적 목표는 창의적 사고력이다. 그런데 창의적 사고력은 언어 능력과 연관이 있다. 언어 능력은 하루아침에 좋아지는 것이 아니다. 많은 다양한 언어적 접촉과 경험에서 나오게 된다. 그런데 일상생활 속에서 다양한 언어적 접촉을 하기가 가장 쉬운 곳이 어디일까? 학교와 독서다. 그런데 상당수의 아이들이 언어의 오염 때문에 학교에서 좋은 언어적 습관을 배우지 못하고 비속어와 욕지거리부터 배우고 있다. 그 대안으로 찾고 있는 인터넷 사이버 커뮤니티마저 아이들에게 부정적인 영향을 끼치는 언어들로 난무하다. 한

두 마디 정도의 애교 섞인 이모티콘이야 이해할 만하지만 정도를 뛰어 넘는 언어적 습관은 결코 언어 발달에 도움을 주지 않는다.

우리의 실생활에서 새로운 아이디어를 창조해내기 위해서는 스스로 생각하는 훈련부터 해야 한다. 스스로 생각하는 힘은 힌트를 줄때만 가능하다. 힌트를 주는 가장 좋은 방법은 독서를 통한 자극이다.

창의력은 창의교실을 만든다고 되는 것도 아니고 유치원이나 어린 이집에서 익숙한 영재프로그램을 한두 번 한다고 되는 것은 아니다. 창의적 사고를 갖게 하려면 관찰로부터 시작되는 상상의 훈련, 추상 의 훈련, 패턴 읽기와 만들기 등등 생각을 탄생시키는 도구를 손에 쥐 어주어야 가능한 고도의 두뇌 작업이다. 따라서 창의적인 힘을 키우는 데 가장 보편적인 교육은 독서와 말하기 능력의 개발이다. 한 권의 책 을 쓰려면 다른 500여 명의 지식이 필요하다. 따라서 이 많은 사람들 의 지식을 얻을 수 있는 유일한 방법은 인류가 보편적으로 취하여 온 독서밖에는 없단 것을 알고 자녀들에게 가르쳐야 한다.

결론적으로 보물섬을 찾아가기 위해서 자신만의 나침반이 필요하 다. 앞으로의 사회에서 가장 강조되는 것은 창의성이 뛰어난 사람이 다. 똑같은 사물을 보더라도 남다르게 생각할 줄 아는 창의적인 사고 를 지녀야 한다는 말이다. 똑같은 모습, 똑같은 생각으로는 다른 사람 보다 뛰어날 수 없다. 평소 창의적인 사고를 키워주기 위해 노력해야 한다. 온몸으로 느끼고 관찰하며 배우는 그러한 생각의 도구를 키워 가는 것은 결국 아이들을 인생에서 올바른 길로 인도하는 나침반이 될 것이다. 진정한 성공은 언제나 우리 안에서부터 시작된다.

하나님 나라 백성을 배출하는 가문

세계가 다 내게 속하였나니 너희가 내 말을 잘 듣고 내 언약을 지키면 너희는 열국 중에서 내 소유가 되겠고 너희가 내게 대하여 제사장 나라가 되며 거룩한 백성이 되리라 너는 이 말을 이스라엘 백성에게 고할지니라(출애굽기 19:5~6)

이 말씀은 하나님의 백성이 되는 조건을 가르쳐 주신 것이다. 세계는 다 하나님의 것이다. 그런데 하나님이 이 세계를 누구에게 맡기실까? 말씀 속에 밝히셨듯이 하나님의 말씀을 잘 들을 때, 그리고 언약을 잘 지킬 때 하나님의 지명된 상속자가 되는 것이다. 이것은 우리에게 중요한 성품이 경청과 집중력과 그리고 행동력임을 알 수 있다. 이러한 능력들은 다른 동물들이나 피조물들에게는 기대할 수 없는 성품들이다. 오직 모든 창조된 것 중에 가장 아름다운 존귀한 관을 쓰고 있는 사람만이 할 수 있는 행동들이다.

그렇다면 이러한 행동들은 어떻게 형성될까? 만약 우리 자녀들에게 이러한 성품들만 형성이 된다면 아무런 걱정도 할 필요가 없을 것이다. 이러한 성품은 다른 어떤 동물들보다 뛰어난 두뇌를 주신 사람에게만 있는 능력이다.

사람은 정말 어떤 존재인가. 인간은 과연 만물의 영장이라 부를 만한 특질을 지녔는가, 우리가 동물보다 뛰어난 육에를 갖고 있는가? 치타처럼 빨리 달리고 돛새치만큼 수영할 수 있는가? 코끼리만큼 힘이 세고 사자와 겨룰 수 있는가? 독수리 보다 멀리 보고 철새들보다 방향감각이 뛰어난가? 그렇지 않다. 두뇌야말로 인간에게 주신 면류관이요. 존귀의 왕관인 것이다. 그 두뇌 중에 가장 중요한 기능을 가진 곳이 전두엽이란 것을 알게 될 때 우리 자녀들을 신앙과 믿음으로 키울 수 있게 되는 것이다. 성경은 이렇게 전두엽에 하나님의 말씀이 기록되고 하나님에 대한 사랑과 믿음이 생기는 것을 머리에 인(印)을 받는 것으로 표현하고 있는 것이다.

하지만 두뇌라고 해서 지적 능력을 말하는 것은 아니다. 사실 세상 많은 사람은 인간이 만물의 영장이 되어야 하는 논거를 그의 뛰어난 지적 능력에서 찾는다. 인간이 훌륭한 언어와 수리력을 갖고 있고 광범위한 정보를 인자하고, 학습하고, 기억하며 이를 토대로 추리하고 창조하고 판단하는 영력에서 독보적인 존재라는 것은 틀림없는 사실이다. 그러나 지적이면 더 사람다운 것일까? 결코 아니란 것을 우리는 이미 학습을 통해 알고 있다. 역사상 극악무도한 만행과 고도의 사기극들은 대단히 저적이지만 지극히 이기적인 사람들에 의해 저질러져왔기 때문이다. 진화론적으로 보면 자기들의 생존과 이익을 위해 다른 이들을 짓밟고 제거하는 능력이 대단히 발달된 이 범죄자들이야말로 더 진화된 인간이라고 해야 맞을 것이다. 그러나 우리는 그런 사람들을 도리어 짐승만도 못한 인간이라고 부른다. 정말로 사람은 존귀한 존재이게 하는 인간만의 특질은 그 지능에 있지 않다. 인간의 능력은 성품과 그 성품에 지속적인 힘을 공급하는 영혼에 있다는 것을 알고 있다. 그래서 믿음의 가문은 우선 영성적 가문인 것을 알아야 한다. 영성적인간이 먼저 되어야 지성과 감성과 체력이 다 하나님의 영광을 위해 사용되기 때문이다. 그래서 요한계시록 14장에서 주님은 그 이마를 보시며 그 이마에 어린양의 이름과 아버지의 이름이 있는 사람만이 구원을 받으며 하나님 나라의 백성이 될 수 있음을 보여주고 있다. 이들은 모두 하나님의 인을 받은 사람들이다.

그러면 왜 하나님의 인을 이마에 받는가? 이마(뇌의 전두엽 부분)는 우리의 지성과 양심과 의지, 판단력, 성품이 있는 곳이기 때문이다. 우리의 습관과 사상이 이 이마의 부분에 기록되어 있다. 내가 누구인가 하는 것은 이 이마 부분에 꼴 지워져 있다. 우리가 정말로 하나님을 믿고 주님의 말씀대로 사는 사람인지 아니면 적당히 내 편리대로 믿는 쭉정이 그리스도인인지가 이 이마 부분에 기록되어 있다. 이마에 하나님의 계명을 지키며, 하나님의 말씀에만 충성을 다 하는 성품이 기록되어 있는 자들만 이 마지막 시대에 살아 계신 하나님의 인을 받을 것이다.

인간의 존엄성은 천사의 그것보다 결코 못하지 않다. 하나님께서 천사들을 "너는 내 아들이라"(히브리서 1:5)고 말씀하시지 않으셨지만,

당신의 형상대로 지음을 받은 사람은 신구약 전체를 통하여 줄곧 자녀라고 부르신다. "자녀이면 또한 상속자"(로마서 8:17)이다. 천사들은 어떤 세계에 대해서도 통치권을 받지 않았고 인간을 위해 봉사하는 "섬기는 영"(히브리서 1:17)으로서 부름 받았으나, 아담은 하나님의 자녀로서 지구의 통치권을 받았다(창세기 1:26). 다윗은 하나님께서 인간에게 베푸신 이런 놀라운 은총과 특권에 압도되어 다음과 같이 기록했다.

> 주의 손가락으로 만드신 하늘과 주께서 베풀어 두신 달과 별들을 내가 보오니 사람이 무엇이기에 주께서 그를 생각하시며 인자가 무엇이기에 주께서 그를 돌보시나이까 그를 하나님보다 조금 못하게 하시고 영화와 존귀로 관을 씌우셨나이다 주의 손으로 만드신 것을 다스리게 하시고 만물을 그의 발아래 두셨으니(시편 8:3~6)

우리가 만물의 주인이 되는 이유는 하나님의 자녀요 상속자이기 때문이다. 따라서 우리는 힘써 하나님 나라의 일군이 되도록 자녀들을 먼저 영성적 인간으로 키워야 한다. 그런데 영성적 인간이 어떻게 키워지는가? 필자는 이 키워드를 가지고 4부에 걸쳐 길게 이야기하였다. 한마디로 말해 어릴 때 엄마와 아빠가 보여준 애착과 사랑이 그리고 그 안에 담겨진 말씀과 복음이 자녀들을 영성적 인간으로 키운다고 주장한 것이다. 이제 결론적으로 '우리의 할 일 때문에 바쁘다'는 핑계, 그리고 '자녀들의 교육을 위하여 돈을 모아야 한다'는 핑계를 버리고 자녀들에게 집중하기를 바란다. 어쩌면 너무나도 기본적인 사랑의 애착과 코이노니아적 인성을 무시하기 때문에 돌이킬 수 없는 아픔과 상처, 그리고 지적장애를 경험하고 있는 것이다. 10년 전 한 반에 10퍼센트에 불과했던 ADHD 경향의 아동들이 2011년엔 한 반에 25퍼센트에 육박하고 있는 현상은 우리의 가정들이 역기능 가정이 늘어나고 있음을 보여주고 있다. 그리고 이러한 역기능 가정 중 대다수가 크리스찬 가정임을 보여주고 있다.

자녀교육은 학교나 교회의 몫이 아니다. 또한 교사나 목회자의 몫이 아니다. 교육은 철저하게 부모의 몫이다. 그 책임을 회피하고 교육생산자에게만 맡기는 것은 자녀들을 유기하고 방치하는 죄에 해당한다고 할 수 있다. 다른 어떤 부분보다 책임이 따르는 것이 가정에서의 자녀교육임을 기억하고 일하던 손을 멈추고 자녀들을 향해 손을 내밀 수 있기를 바란다. 필자의 경우 20년 가량을 개척교회만 하면서 힘들 게 힘들게 살았다. 내일에 대한 보장도 없고, 은퇴 후에 대한 준비도 없이 오로지 하나님만 바라보며 살았다. 하지만 흔히 말하듯 자식 농사에 성공했기 때문에 이제 걱정할 필요가 없다. 그래서 말하고 싶다. 이 세상 어떤 노후보장보다 더 확실한 노후보장임을 기쁘게 말하고 싶다. 자식을 사랑한다면 진정으로 그들을 섬겨야 할 것이다.

신앙명문가의 자녀교육

초판 1쇄 인쇄 | 2012년 4월 13일
초판 3쇄 발행 | 2012년 9월 30일

지은이 | 김재헌
펴낸이 | 박종태
함께 만든 이들 | 정문구 강한덕 이태경 맹정애 강지선 임우섭 김병수
펴낸곳 | 비전북
출판등록 | 2011년 2월 22일 제396-2011-000038호
주소 | 경기도 고양시 일산서구 덕이동 1347-7
이메일 | visionbook@hanmail.net
공급처 | 비전북 031-907-3927
ISBN | 978-89-966495-5-7   03230

값 13,000원